lonely planet

LO MEJOR • VIDA LOCAL • GUÍA PRÁCTICA

NIZA Y MÓNACO

DE CERCA

CHRISSIE MCCLATCHIE

Sumario

Puesta a punto 4

Playa de Niza y Promenade des Anglais (p. 62).
PROSLGN/SHUTTERSTOCK ©

Explorar Niza y Mónaco 39

Merece la pena

Guía práctica 143

Imprescindible

Bienvenidos a Niza y Mónaco

Niza, que ya no se limita a la fama de sus playas, se ha renovado por completo en la última década, con su reciente declaración como Patrimonio Mundial de la Unesco. En la vecina Mónaco, la ostentación continúa presente como siempre, aunque se ha ido equilibrando con experiencias y sabores locales que aportan una buena dosis de la verdadera identidad y cultura del Principado.

Vieux Nice (p. 41).
ROSTISLAV GLINSKY/SHUTTERSTOCK

Lavande

Las mejores experiencias

Pasear por Promenade des Anglais (p. 62)

NEIRFY/SHUTTERSTOCK ©

Rebuscar en los mercados de Cours Saleya (p. 42)

Admirar el genio artístico en el Musée Matisse (p. 82)

Visitar el magnífico Casino de Montecarlo (p. 118)

Subir las escaleras de la Colline du Château (p. 44)

MARCO RUBINO/SHUTTERSTOCK ©

Sumergirse en el Musée Océanographique de Monaco (p. 122)

Contemplar las vistas desde las tres Corniches (p. 110)

LONGJON/SHUTTERSTOCK ©

Fantasear en el Musée National Marc Chagall (p. 84)

Viajar en el tiempo en el Musée Masséna (p. 66)

Dónde comer

Desde comida callejera hasta restaurantes con estrellas Michelin, Niza es el sueño de cualquier sibarita. La cocina tradicional nizarda, con influencias mediterráneas y de la vecina Italia, se mantiene en primer plano. Como corresponde a la capital culinaria de la Costa Azul, los bistrós y los restaurantes internacionales aportan una infinita variedad.

Raíces mediterráneas

La cocina nizarda se basa en su suave clima. Las aceitunas y las uvas que crecen en las soleadas laderas de los Alpes Marítimos, se cultivan desde la Antigüedad, junto con otros productos clásicos mediterráneos como tomates, pimientos, berenjenas, calabacines, acelgas y hierbas aromáticas. Limones, naranjas y otros cítricos aportan sabor.

Influencias internacionales

El impacto de la vecina Italia en la cocina nizarda se aprecia en aperitivos callejeros como la *socca*, una tortita fina de harina de garbanzos muy parecida a la *farinata* de Liguria, y en la popularidad de postres italianos como el tiramisú, la *pannacotta* y el *gelato*.

Los restaurantes ofrecen gran variedad de sabores internacionales, desde cocina asiática hasta platos de Oriente Medio o norteafricanos.

La mejor comida económica

Chez Palmyre Menú de tres platos a precio de ganga en un entorno íntimo con acento de barrio. (p. 50)

Acchiardo Un favorito de cocina nizarda, muy acogedor y con paredes de piedra. (foto; p. 51)

Socca du Cours Especialidades callejeras nizardas de los mercados de Cours Saleya. (p. 52)

Kalōs Pitas mediterráneas rellenas de ingredientes y sabores frescos en la calle de moda de Niza. (p. 104)

Kiosque Chez Tintin Rincón próximo al mercado Libération, donde los vecinos hacen cola para tomar café y *pan bagnat* (clásico bocadillo de atún). (p. 92)

HEMIS/ALAMY STOCK PHOTO ©

Los mejores bistrós y 'brasseries'

La Femme du Boulanger Clásicos bocadillos abiertos de bistró y deliciosos postres. (p. 74)

Le Bar des Oiseaux Decoración *vintage* de club nocturno que contrasta con la cocina moderna en este favorito de Vieux Nice. (p. 50)

Lavomatique Raciones para compartir en una antigua lavandería de Vieux Nice reconvertida en restaurante. (p. 54)

La Rossettisserie Carne y verduras asadas en una antigua panadería reformada de ambiente *retro.* (p. 51)

Peixes Popular marisquería de Vieux Nice donde se ve a los chefs desde la barra. (p. 50)

Los mejores vegetarianos y veganos

Koko Green Platos crudos, veganos y vegetarianos internacionales, y una deliciosa tarta de queso vegana. (p. 52)

Badaboom Restaurante vegano y bar de zumos en el moderno barrio del puerto. (p. 104)

Los mejores restaurantes de lujo

Flaveur Innovadores menús de siete platos en un entorno muy actual. (p. 75)

Jan Un chef estrella crea maravillosas fusiones de sabores. (p. 103)

Merece la pena: Mirazur, Menton

En **Mirazur** (mirazur.fr), una villa de la década de 1930 con tres estrellas Michelin, junto a la frontera italiana, en Menton, confluyen una excelente cocina y sensacionales vistas del Mediterráneo. El chef Mauro Colagreco elabora obras maestras con ingredientes de su huerto. Se llega en tren a la estación de Menton Garavan (50 min desde Niza).

Dónde beber

Tanto para empezar el día con un café en una terraza de Cours Saleya, como para refrescarse en un chiringuito de Promenade des Anglais, tomar un aperitivo y recorrer los pubs de Vieux Nice o adentrarse en los bares de vinos y cócteles del Petit Marais, Niza rebosa locales con mucho ambiente.

Vieux Nice

La Vieja Niza es el centro de la vida nocturna, con una serie casi ininterrumpida de bares paralelos al paseo marítimo en Rue St-François de Paule y Cours Saleya. Otras calles muy frecuentadas son Préfecture, Benoît Bunico y Rossetti.

Le Petit Marais

Entre la plaza Garibaldi y Port Lympia, este barrio bohemio congrega a un público joven. Destaca Rue Bonaparte, pero las calles laterales y las aceras que dan al puerto también están repletas de juerguistas.

Ciudad nueva y alrededores

El paseo marítimo, Promenade des Anglais, está repleto de chiringuitos en el lado mediterráneo, con terrazas de cafés y bares de hotel al otro lado.

Unas manzanas hacia el interior, la zona peatonal de Rue Masséna es también popular, igual que Place du Général de Gaulle en Libération.

Los mejores cafés

Café du Cycliste No hace falta ser un gran ciclista para apreciar esta cafetería junto al puerto. (p. 106)

L'Altra Casa Café estratégicamente situado junto al animado mercado de Libération. (p. 95)

La Ronronnerie Los gatos trepan por las alturas mientras los niños saborean chocolate caliente con sus padres. (p. 78)

Las mejores cervecerías

Beer District Se puede elegir cualquier grifo de las 16 cervezas de barril que cambian constantemente; hay degustaciones gratis. (p. 94)

HEMIS/ALAMY STOCK PHOTO ©

Brasserie Artisanale de Nice Cerveza artesanal con un inesperado ingrediente tradicional: los garbanzos. (p. 94)

Ma Nolan's *Pub* irlandés a la antigua, cerca de los mercados de Cours Saleya y también en Le Port. (p. 107)

Los mejores locales con vistas

Rooftop Monsigny La puesta de sol sobre la ciudad es insuperable desde este bar de azotea. (p. 93)

La Movida Valorada por los cócteles y las vistas al mar. (p. 54)

Les Distilleries Idéales En sus terrazas se absorbe el ambiente de Vieux Nice. (foto; p. 55)

Los mejores cócteles

Hôtel Amour Moderno bar de hotel con patio y cócteles con nombres de famosas parejas. (p. 76)

Le Café des Chineurs Lugar privilegiado para ver pasar gente en la esquina de Place Garibaldi y Rue Bonaparte. (p. 107)

Las mejores bodegas

La Part des Anges Aperitivo y degustación de vinos seleccionados por un verdadero aficionado. (p. 78)

Rouge Exquisita selección de raciones maridadas con vinos naturales de pequeños productores. (p. 108)

Les Beaux Joueurs Vinos y juegos de mesa, no hay más que decir. (p. 94)

Las mejores calles para ir de bares

Los mejores locales de copas aguardan en:

- Rue Bonaparte, Le Port-Garibaldi.
- Rue St-François de Paule y Cours Saleya, Vieux Nice.

De compras

Los lugares más frecuentados van desde las boutiques vintage *de Vieux Nice y los templos de la moda de diseño hasta las tiendas de antigüedades y las galerías contemporáneas de las modernas calles cercanas a Place Garibaldi. En Vieux Nice se encuentran regalos típicamente franceses, como delicias* gourmet, *jabones provenzales y otros.*

Placeres epicúreos

Vieux Nice posee una amplia oferta de comida y bebida.

En cualquier calle surgen escaparates repletos de tentadores productos del sur de Francia y la Costa Azul: chocolate, frutas confitadas, quesos, aceite de oliva, vino, mermelada... La lista es infinita.

De las 'boutiques' a los anticuarios

Grandes marcas de diseño o prendas *vintage* con un toque personal: Niza ofrece moda para todos los gustos y bolsillos.

Las tiendas de lujo se concentran en el barrio Carré d'Or de la ciudad nueva, mientras que las *boutiques* más informales y originales proliferan en Vieux Nice y el barrio del puerto, este también preferido por los anticuarios.

Los mejores mercados

Mercado de abastos de Cours Saleya Frutas, verduras, quesos, aceitunas, productos horneados y aperitivos callejeros de productores locales. (foto; p. 43)

Mercado de flores de Cours Saleya Rosas, mimosas y arbolitos de cítricos en esta aromática plaza de Vieux Nice. (p. 43)

Marché de la Condamine Este mercado de frutas y verduras al aire libre permite conocer la vida local de Mónaco. (p. 133)

Marché de la Libération Los vendedores se distribuyen en cientos de metros cuadrados en este popular mercado matinal. (p. 95)

Mercadillo de Cours Saleya Los lunes, ofrece interesantes sorpresas. (p. 43)

Las mejores tiendas de alimentación

Le Fromage Gran variedad de quesos locales llena las

LINDASKY76/SHUTTERSTOCK ©

vitrinas de esta *fromagerie* de Vieux Nice. (p. 57)

Pâtisserie LAC La pastelería favorita de Niza invita a disfrutar de caprichos de chocolate. (p. 59)

Maison Auer Solo por sus escaparates, esta paradisíaca *confiserie* (confitería) merece una visita. (p. 56)

Olio Donato Deliciosa crema de avellanas, aceite de trufa y otros productos de la vecina Italia. (p. 57)

Nicolas Alziari Aceite de los olivares de las afueras de Niza. (p. 59)

Las mejores tiendas de vino

Les Grandes Caves Caprioglio Se recomienda adquirir una botella de Bellet, el vino de las colinas de Niza. (p. 57)

Cave de la Tour En esta tradicional tienda de barrio se vende vino por botellas o copas. (p. 54)

Distillerie de Monaco Licor artesanal de naranjas amargas monegascas. (p. 141)

Las mejores 'boutiques'

Trésors Publics Clásicos franceses para toda la vida. (p. 59)

Friperie Caprice Viaje en el tiempo en la tienda *vintage* más querida de Niza. (p. 56)

Le Goût de Nice Repleta de productos locales y artesanía única. (p. 79)

Merece la pena: Marché Provençal

Una de las experiencias comerciales más coloridas de la Costa Azul es el **Marché Provençal** de Antibes, a 30 min en tren de Niza. Es un magnífico mercado de frutas, verduras, carne, queso y productos locales como la *tapenade*.

Al aire libre

En Niza se vive al aire libre. Bañarse y tomar el sol junto al Mediterráneo es la actividad estival favorita, así como los deportes acuáticos y los paseos a pie, en bicicleta o en patines por el paseo marítimo. Fuera de la playa, los acogedores parques y plazas son el escenario de festivales de temporada y actividades recreativas.

Parques, jardines y plazas

Niza posee muchos espacios públicos de gran belleza, desde plazas como Masséna y Garibaldi hasta parques que recuerdan su desaparecido castillo, sus ruinas romanas y el río Paillon, que antaño cruzaba la ciudad.

Gracias al generoso sol de Niza, estos lugares se disfrutan todo el año. En la costa, Mónaco también cuenta con magníficos jardines.

Actividades al aire libre

El amplio Promenade des Anglais y el Quai des États-Unis, ambos peatonales, ocupan varios kilómetros del paseo marítimo de Niza y constituyen el espacio más agradable y relajante de la ciudad.

Paralela a la zona peatonal, hay una senda recreativa repleta de ciclistas y patinadores que disfrutan de las mismas vistas mediterráneas.

Por el paseo marítimo de Niza, varias empresas alquilan bicicletas, escúteres, *segways* y equipos para deportes acuáticos, como kayaks y tablas de surf de remo, y organizan actividades como esquí acuático, *wakeboard* y parapente.

Los mejores paseos

Promenade des Anglais
Emblemático paseo marítimo de Niza, ideal para perderse entre la multitud. (p. 62)

Promenade du Paillon
Donde las familias nizardas salen a pasear o llevan a los niños a jugar. (p. 74)

ARTMEDIAFACTORY/SHUTTERSTOCK ©

Jardins St-Martin Senderos verdes, esculturas al aire libre y vistas del puerto de Mónaco desde un acantilado. (p. 131)

Las mejores playas

Plage Publique des Ponchettes Popular playa pública de Vieux Nice donde zambullirse en el Mediterráneo y tomar el sol. (p. 50)

Plage Paloma Aguas color aguamarina bañan esta hermosa medialuna entre Niza y Mónaco. (p. 115)

Plage Petite Afrique Espectacular ubicación bajo los acantilados de Beaulieu-sur-Mer. (izda.; p. 113)

Plage du Larvotto Animada y familiar playa de Mónaco. (p. 132)

Los mejores parques y jardines

Colline du Château Sobre Vieux Nice se contemplarán las ruinas de un castillo y soberbias vistas. (p. 44)

Jardin des Arènes Hacer un pícnic entre olivos y ruinas romanas en el parque de Cimiez. (p. 92)

Roseraie Princesse Grace Más de 4000 rosas entrelazadas con olivos en este jardín público de Mónaco. (p. 131)

Parc Princesse Antoinette Jardín de barrio en Mónaco, con juegos infantiles, minigolf y granja de mascotas. (dcha.; p. 127)

Merece la pena: Jardín Exótico de Èze

Ningún lugar ofrece vistas mediterráneas más espectaculares que el **Jardin Exotique d'Èze** (jardinexotique-eze.fr), un alto jardín de cactus en la escarpada localidad de Èze, a 30 min en autobús de Niza. Se recomienda pasear entre las ruinas de su castillo y contemplar la vista desde la zona zen, a 400 m sobre el mar.

Museos y monumentos

Para descansar de la playa, las atracciones culturales de Niza y Mónaco son una buena alternativa. Museos de arte reflejan el antiguo atractivo bohemio de la región, mientras que la gran variedad de palacios, hoteles de la belle époque y otras joyas arquitectónicas le han valido la categoría de Patrimonio Mundial de la Unesco.

Ciudad de artistas

La Costa Azul ha cautivado a muchos artistas por su luz. Henri Matisse llegó un lluvioso invierno a convalecer de una bronquitis y, cuando vio brillar el sol, quedó tan prendado de Niza que se quedó 37 años.

Chagall, Picasso y Renoir también se enamoraron de este lugar y, más tarde, la ciudad acogió la vanguardista École de Nice. Los museos de arte abundan en la región, pero los tres principales de Niza (los de Matisse, Chagall y Art Moderne) justifican una peregrinación.

Palacios y villas

La opulencia ha sido siempre la tarjeta de visita de la Costa Azul, como demuestran el Casino de Montecarlo y los hoteles de Promenade des Anglais en Niza.

Varios palacios y villas se han reconvertido en museos, ofreciendo a los visitantes un atisbo del lujoso pasado.

Artículos de coleccionista

Desde equipos de submarinismo de época hasta sellos y monedas, pasando por coches clásicos, los museos de Mónaco exhiben interesantes colecciones. Son ideales para un día lluvioso.

Los mejores museos de arte

Musée Matisse La influencia de Niza en la obra de Matisse se descubre en este museo situado en una magnífica villa del s. XVII. (p. 82)

Musée National Marc Chagall El mayor museo

LILIGRAPHIE/SHUTTERSTOCK ©

del mundo dedicado al maestro bielorruso. (p. 84)

Lo mejor en historia

Musée Masséna La magia de la Niza de la *belle époque* se conjura en este evocador museo de historia en una villa de finales del s. XIX. (p. 66)

Palais Princier de Monaco Pueden seguirse los pasos de la realeza en el venerable palacio de los príncipes de Mónaco. (p. 130)

Lo mejor en arquitectura

Hôtel Negresco El más emblemático de Niza, esta joya con cúpula en el corazón de Promenade des Anglais. (p. 74)

Casino de Montecarlo Este elegante casino en una colina no tiene parangón en la Costa Azul. (p. 118)

Las mejores colecciones

Musée Océanographique de Monaco Fotografías, especímenes y equipos de buceo antiguos invitan a sumergirse en la historia de la exploración submarina. (p. 122)

Collection de Voitures de SAS le Prince de Monaco Un recorrido por más de un siglo de elegantes coches de la colección personal del príncipe Rainiero. (p. 130)

Merece la pena: Villa Ephrussi de Rothschild

Es una creación de la *belle époque* (foto; p. 115), encargada por un rico coleccionista de arte en 1912. Comprende cuadros de Fragonard, muebles Luis XVI y porcelana de Sèvres, rodeada de vistas al mar y jardines temáticos con fuentes que 'bailan' al son de la música clásica. Se llega en el autobús nº 15 a St-Jean-Cap-Ferrat (20 min).

Para niños

Los niños disfrutan en Niza con sus muchas playas, actividades al aire libre y eventos infantiles públicos; la oficina de turismo publica una guía para viajar en familia (www.explorenicecotedazur.com), con listas de actividades, parques, zonas de juego y otros recursos.

Promenade du Paillon

El larguísimo Promenade du Paillon es el rincón favorito de los niños en Niza. Va del Jardin Albert 1er, cerca del paseo marítimo, al Musée d'Art Moderne de Niza, y cuenta con un fabuloso parque infantil al aire libre cerca del extremo oriental, con caprichosas estructuras de juego que representan criaturas marinas.

En el extremo oeste del parque, cerca de Place Masséna, los niños chapotean en los 128 chorros intermitentes que lanzan agua y niebla, y se iluminan de noche.

Pueblo navideño

La Navidad en Niza es una ocasión festiva, con plazas y palmeras iluminadas y un pueblo navideño entero en el Jardin Albert 1er.

Las familias llevan a sus hijos a patinar sobre hielo, a los tiovivos, los castillos hinchables, la noria gigante y a visitar a Papá Noel.

Playas

En Niza hay playas por todas partes y por toda la costa, y existen alojamientos familiares variados a 10 min a pie del paseo marítimo.

Lo mejor para descargar energía

Promenade du Paillon
Jugar en los chorros de agua, correr por la hierba y trepar por las estructuras de la ballena y el pulpo. (p. 74)

Parc Princesse Antoinette
Parque infantil y minigolf en un olivar, en la ladera de una colina. (p. 127)

Las mejores playas

Plage Publique des Ponchettes Playa pública gratuita en el corazón de Vieux Nice. (p. 50)

LITCHI CYRIL PHOTOGRAPHE/SHUTTERSTOCK ©

Plage des Fourmis En Beaulieu-sur-Mer, de aguas tranquilas y fácil acceso, es una de las favoritas de las familias. (p. 113)

Palais Princier de Monaco Se puede asistir al cambio de guardia ante el principesco palacio de Mónaco. (p. 130)

Las mejores actividades para niños

Noël à Nice (nice.fr; 👪) El pueblo navideño de Niza está lleno de actividades divertidas.

Carnaval de Niza Confeti, malabaristas, acróbatas y desfiles de insectos gigantes y reyes y reinas de cartón piedra. (foto; p. 77)

Musée Océanographique de Monaco Tiburones y peces tropicales nadan en el acuario monegasco de 6 m de alto. (p. 122)

La mejor comida y bebida para niños

La Ronronnerie Cafetería de temática felina donde se puede tomar tarta y jugar con los gatitos. (p. 78)

Azzurro Artisan Glacier La gofrera acapara la atención mientras se esperan los helados. (p. 54)

Chocolaterie de Monaco Chocolate caliente y otras delicias en el casco antiguo de Mónaco. (p. 135)

Merece la pena: Molinard

La capital francesa del perfume, Grasse, invita a los niños de 4 a 8 años a elaborar perfumes en el taller Petit Parfumeur (20 min) que ofrece **Molinard** (molinard.com). Cerca de allí, pueden explorar los **Jardins du MIP** (museesdegrasse.com), de hierbas aromáticas. Ambos están a 1 h en tren de Niza.

Fiestas y celebraciones

Entre los grandes acontecimientos destacan el carnaval de Niza, a finales de febrero, el Gran Premio de Fórmula 1 de Mónaco, en mayo, y el Festival de Jazz de Niza, en julio. Durante el año se celebran otros eventos menores, como competiciones deportivas, festivales de música o fiestas infantiles.

Carnaval

Para disfrutar de lo mejor de Niza fuera de temporada, conviene visitarla en el exuberante carnaval de finales de febrero. Durante tres fines de semana y las dos semanas intermedias, las calles se llenan de coloridos desfiles con gigantescas figuras de cartón piedra y adornos florales de producción local.

Los precios del alojamiento son más bajos que en verano; las reservas, más fáciles de conseguir; y el tiempo, casi primaveral.

Festival de Jazz de Niza

Original de Francia, brinda cuatro noches de actuaciones en dos escenarios del Jardin Albert 1er y conciertos alternativos por toda la ciudad, desde Vieux Nice hasta Masséna, y en las calles comerciales en torno a Rue de France.

Gran Premio de Fórmula 1

Durante cuatro días a finales de mayo, Mónaco enloquece y todas las calles se cierran para la carrera. El resto del año, los aficionados pueden recorrer a pie los 3,2 km del circuito; la oficina de turismo dispone de planos.

Las mejores celebraciones de temporada

Carnaval de Niza (nicecarnaval.com) Una explosión de color ilumina las calles invernales de Niza, con desfiles de gigantes y floridas carrozas. (p. 77)

Noël à Nice (nice.fr; 👪) Patinaje sobre hielo, paseos en noria y visitas a Papá Noel: diversión para todos en invierno.

Lu Festin de Nissa Popular fiesta de primavera para disfrutar de música, danza y gastronomía tradicionales de Niza en mayo.

DAVID C TOMLINSON/GETTY IMAGES ©

Los mejores festivales de música

Nice Jazz Festival (nicejazzfestival.fr) El parque central de Niza acoge un cartel estelar de música en directo en julio.

Les Nuits Guitares (lesnuitsguitares.com) Las noches de julio cobran vida en el escenario de l'Olivaie, un olivar de Beaulieu.

La Crème Festival (lacremefestival.com) Música de moda en la ciudadela amurallada de Villefranche-sur-Mer en junio.

Los mejores eventos deportivos

Gran Premio de Fórmula 1 (monaco-grandprix.com) Los coches de carreras rugen por las calles de Mónaco, desde el paseo marítimo hasta el Casino. (p. 138)

Marathon des Alpes-Maritimes (marathon06.com) Maratón anual por el paseo marítimo entre Niza y Cannes en noviembre.

Los mejores eventos LGTBIQ+

Lou Queernaval (facebook.com/LouQueernaval) Purpurina y confeti cubren Niza durante el primer carnaval *queer* de Francia en febrero.

Pink Parade Marcha anual del Orgullo en julio. La fiesta dura toda la noche.

Merece la pena: Fête du Citron

A finales de febrero se celebra la peculiar **Fête du Citron** (foto; fete-du-citron.com) en Menton, 40 min al este de Niza en tren, evento de dos semanas que muestra esculturas gigantes y carrozas hechas con toneladas de cítricos locales. Después, las creaciones se desmontan y la fruta se vende barata.

Espectáculos

Cuando anochece, las calles de Niza siguen vibrando con numerosos alicientes. La música en directo brota de las puertas de la ciudad, especialmente en Vieux Nice. Los cines, los festivales de música en verano y la elegante ópera mantienen entretenidos a propios y extraños hasta la madrugada.

IMAGEBROKER.COM GMBH & CO. KG/ALAMY STOCK PHOTO ©

Música y baile

Los locales de música en directo de Niza incluyen clubes y bares nocturnos, que ofrecen desde *rock* hasta *jazz*.

Niza y Mónaco acogen temporadas de ópera, danza y música clásica en sus fabulosos teatros de ópera.

Cine

Los cines de barrio de Niza proyectan películas en inglés en v.o. (sin doblar), al igual que el cine de verano de Mónaco.

Los mejores bares con música en vivo

Shapko Un favorito de Vieux Nice por su amplia selección musical. (foto; p. 56)

Wayne's Bar musical ruidoso en el corazón de Vieux Nice. (p. 56)

La Rascasse Música en directo, DJ con *happy hour* junto al paseo marítimo de Mónaco. (p. 136)

La Cave Romagnan Bar de barrio con *jazz* los sábados por la noche. (p. 78)

Lo mejor en ópera

Opéra de Nice La venerable ópera ofrece óperas, *ballets* y música clásica. (p. 55)

Opéra de Monte-Carlo Joya neoclásica junto al Casino de Mónaco. (p. 137)

Los mejores cines

Monaco Open-Air Cinema Cine de verano bajo las estrellas monegascas. (p. 137)

Cinéma Mercury Cine de referencia en Place Garibaldi, centro de la vida nocturna nizarda. (p. 108)

Cinéma Rialto Películas sin doblar en un ambiente *retro*, cerca de la playa de Niza. (p. 79)

Otra cara de Niza

La reina de la Costa Azul es mucho más que su célebre paseo marítimo, sus museos de arte y su laberíntico casco antiguo repleto de turistas. Para meterse en la piel de esta carismática joya mediterránea, se recomienda empaparse de vida local y descubrir una faceta de Niza que, de otro modo, quedaría oculta.

LIGEIA/SHUTTERSTOCK ©

Barrios emergentes

Libération La centenaria estación de tren Gare du Sud (foto), convertida en zona de restauración y centro comunitario, se alza en el corazón del barrio Libération de Niza, cada vez más gentrificado.

Le Ray Disfrutar con los vecinos del amplio césped en el corazón del barrio residencial más nuevo de Niza, un *eco-quartier* que cuenta con el muro vegetal más grande de Europa.

Riquier Mientras los precios de los pisos en Le Port siguen subiendo, el barrio contiguo se beneficia. Riquier es como era Rue Bonaparte antes de que se pusiera de moda. Destacan los encuentros gastronómicos.

Escapadas verdes

Paseos botánicos Organizados por la Maison de l'Environnement mensualmente, descubren parques urbanos, callejuelas y rincones de la campiña nizarda (facebook.com/maison.environnement.nice).

Parc du Vinaigrier Peregrinar 5 km al noreste hasta este verde parque sobre una colina permite divisar la ciudad, la Baie des Anges y la Rade de Villefranche-sur-Mer.

Arte callejero

Puces de Nice Murales realizados por artistas urbanos colorean la fachada del mercadillo de Quai Lunel de Niza.

L'Éclairage Public Tres días de electrizantes espectáculos de arte urbano en el centro cultural contemporáneo Le 109 (le109.nice.fr).

Whole Street (wholestreet asso.fr) Pintura en vivo, murales monumentales y mucha creatividad de los maestros del grafiti Otom et Faben, el dúo responsable del arte callejero que ilumina la línea 2 del tranvía de Niza.

Viaje responsable

Experiencias positivas y sostenibles para sentirse bien.

CERI BREEZE/SHUTTERSTOCK ©

Apoyar la economía local

Elegir alojamientos registrados. Reservar las habitaciones a través del hotel y no de un servicio de reservas para garantizar que todo el dinero acaba en manos del alojamiento. Si se alquila por cuenta propia, conviene utilizar agencias locales, como Nice Pebbles (nicepebbles.com).

Buscar restaurantes con el distintivo Cuisine Nissarde, señal de respeto a las tradiciones culinarias de Niza.

Reunirse con un vecino en Nice Greeters (nice-greeters.com) para conocer la ciudad de mano de un guía voluntario.

Elegir lugares sostenibles

Visitar Baia Bella (baia bella.com), una playa neutra en carbono en Beaulieu-sur-Mer. Paneles solares, agua reciclada, muebles de madera y limpieza del fondo marino son algunas de sus iniciativas sostenibles.

Estrellas sostenibles de Mónaco: el Restaurant Elsa (montecarlosbm.com/fr/restaurant-monaco/elsa) es el primero del mundo 100% ecológico galardonado con una estrella Michelin, y en Blue Bay (montecarlosbm.com/es/restaurant-monaco/the-blue-bay), de dos estrellas, el chef Marcel Ravin emplea en su cocina de fusión productos cultivados en el propio establecimiento.

Buscar alojamientos con la etiqueta La Clef Verte (laclefverte.org), que reconoce el compromiso con las prácticas sostenibles.

Dejar poca huella

La aplicación Too Good to Go localiza establecimientos que venden "bolsas sorpresa" de comida sobrante del día a precio muy reducido (toogoodtogo.com).

Considerar Uber Green (uber.com) para viajar en un vehículo eléctrico o híbrido por poco dinero.

INK DROP/SHUTTERSTOCK ©

Comer en restaurantes que se abastecen de proveedores locales. Muchos, como Le Canon (lecanon.fr), en el Carré d'Or, especifican la procedencia de sus productos.

Hidratarse y rechazar el plástico de un solo uso usando una botella que se pueda rellenar en las fuentes. En Niza, los puntos públicos de agua potable dispensan agua con o sin gas; se localizan con la aplicación Free Taps (freetaps.earth).

En el centro de Niza hay que desplazarse a pie. El sistema de tranvías permite llegar a la ciudad desde la estación de tren o el aeropuerto, y la flota de autobuses, cada vez más eléctrica, permite desplazarse más lejos.

Descargar la aplicación VéloBleu y eVéloBleu (velobleu.org) para moverse en bicicleta (manual y eléctrica) sin prisas.

Restitución

La Maison de l'Environnement de Niza (facebook.com/maison.environnement.nice) siempre necesita voluntarios para recoger desperdicios en la playa y combatir las plantas invasoras de Mont Boron.

Consumir licores locales

Además del vino de los viñedos de Bellet, en las laderas de Niza, se recomiendan el **Pastis de Nice** (pastisdenice.fr), elaborado con una mezcla secreta de 26 plantas y especias. **Atelier Tue Diable** (tuediable.com) destila en Niza una refrescante ginebra con sabor a albahaca. **Le Distillerie de Monaco** (distilleriedemonaco.com) recoge naranjas amargas de las calles de Mónaco para hacer licor de naranja.

Cuatro días perfectos

Día 1

SVETLANASF/SHUTTERSTOCK ©

Por la mañana, se explora el laberinto de callejas de Vieux Nice. Tras un paseo por los **mercados de Cours Saleya** (p. 42), se descubre la bella **catedral de Ste-Réparate** (foto; p. 50), barroca, y se curiosean lindas tiendas como **Trésors Publics** (p. 59).

Por la tarde, después de un almuerzo vegano en **Koko Green** (p. 52) o un menú bistró de tres platos en **Le Bar des Oiseaux** (p. 50), se sube a la **Colline du Château** (p. 44) para divisar el casco antiguo. Y se acaba con un baño de sol en **Plage Publique des Ponchettes** (p. 50).

La noche comienza con un aperitivo en **La Movida** (p. 54) y una cena en **Lavomatique** (p. 54), y se cierra con música en directo en **Shapko** o **Wayne's** (p. 56).

Día 2

Primero se visitan el bello **Promenade du Paillon** (p. 74) y Place Masséna (foto; p. 71), y se va de compras por **Le Carré d'Or** (p. 71) o a descubrir la historia de la alta sociedad nizarda en el **Musée Masséna** (p. 66).

Se toma un *brunch* en **La Femme du Boulanger** (p. 74) y se pasa la tarde en **Promenade des Anglais** de Niza (p. 62), bebiendo algo bajo la sombrilla de **Le Galet** (p. 76) o relajándose en una típica silla azul.

Tras cenar en **Le Canon** (p. 76) o el sibarítico **Flaveur** (p. 75), nada como unas copas en el bar *belle époque* del **Hôtel Negresco** (p. 74) y un paseo por la playa bordeada de palmeras.

Día 3

TIM E WHITE/ALAMY STOCK PHOTO ©

Parte en la animada Libération, con un café en **L'Altra Casa** (p. 95), una visita a los puestos del **Marché de la Libération** (p. 95) y una cerveza en la **Brasserie Artisanale de Nice** (p. 94).

Hay que probar un *pan bagnat* (bocadillo de atún) en el **Kiosque Chez Tintin** (p. 92), antes de pasar la tarde en Cimiez. Se puede visitar el **Musée Matisse** (p. 82), en una villa cimera, y pasear entre olivares y **ruinas romanas** (p. 87) hasta la **tumba del artista** (p. 91); y luego, explorar el fantástico **Musée National Marc Chagall** (p. 84).

Se cena un ceviche en **Peixes** (p. 50) antes de escuchar un concierto en la **Opéra de Nice** (foto; p. 55) o recorrer los bares de Vieux Nice.

Día 4

Comienza en el **Café du Cycliste** (p. 106) o con un *brunch* en **Comme un Dimanche** (p. 103), antes de sumergirse en el arte vanguardista de la **Galerie Lympia** (p. 101), en el puerto.

Tras probar la *socca* (tortas de harina de garbanzos) y otros aperitivos nizardos en **Chez Pipo** (foto; p. 103), se embarca en el puerto en un **crucero** (p. 102) por la costa próxima a Villefranche-sur-Mer, salpicada de villas.

Por la noche, **Jan** ofrece su alta cocina (p. 103), y **Rouge,** raciones y vino ecológico (p. 108). Como broche, una ronda de bares por Petit Marais, la zona nocturna de moda de Niza, sin olvidar **Comptoir Central Électrique** y **Le Café des Chineurs** (p. 107).

Lo esencial

Para más información, véase 'Guía práctica' (p. 143)

Moneda
Euro (€)

Idioma
Francés

Visado
No es necesario para la mayoría de los países para estancias de menos de 90 días. Los pasaportes deben tener una validez mínima de tres meses después de la fecha de salida de Francia. No hay restricciones para los ciudadanos de la UE.

Dinero
Hay cajeros y se aceptan tarjetas de crédito en todas partes.

Teléfono móvil
Redes GSM y 4G/5G disponibles con tarjetas SIM a precio módico.

Hora local
Hora central europea (GMT/UTC + 1 h)

Propinas
No son necesarias en los restaurantes (la cuenta incluye un 15% por servicio).

Presupuesto diario

Hasta 130 €

Cama en albergue: 25-60 €

Habitación doble en hotel económico: 90 €

Comida callejera o menú (almuerzo): menos de 20 €

Abono de transporte público para una semana: 20 €

Entre 130 y 220 €

Habitación doble en hotel medio: 90-190 €

Menú (cena) en restaurante medio: 30-50 €

Pase de cuatro días para los museos municipales de Niza: 15 €

Más de 220 €

Habitación doble en hotel de gama alta: 200-350 €

Comida o cena en restaurante de alta cocina: 90-265 €

Asientos preferentes en la Opéra de Nice: 90 €

Antes de partir

Tres meses antes Reservar entradas para eventos importantes como el Gran Premio de Mónaco y el Festival de Jazz de Niza. Reservar alojamiento para temporada alta (jul y ago).

Un mes antes Reservar entradas para las gradas del carnaval de Niza.

Una semana antes Reservar en los restaurantes, sobre todo en temporada alta.

Cómo llegar

La red de transporte público de Niza opera sin papel. La tarjeta recargable Ma Carte se adquiere (2 €) en los dispensadores automáticos de las paradas de tranvía o en los autobuses.

Aeropuerto de Niza-Costa Azul

Se toma el tranvía 2 hasta Place Garibaldi y el puerto (10 € i/v, 20-25 min) o se cruza la carretera desde la terminal 1 hasta la parada Aéroport/Promenade, en Promenade des Anglais, y se toma el autobús nº 12 (1,70 €) hasta Place Masséna y Vieux Nice.

Estación de trenes Nice Ville

El tranvía 1 (1,70 €) va al norte hasta Libération (5 min) o al sureste hasta Vieux Nice (10 min) y Place Garibaldi (15 min).

Puerto de Niza

El tranvía 2 (1,70 €) va a Place Garibaldi (5 min) y a otros puntos del oeste de la ciudad nueva.

Cómo desplazarse

El sistema de transporte público de Niza, Lignes d'Azur (lignes dazur.com), dispone de tranvías y autobuses. La línea 2 de tranvía, llega al puerto y al aeropuerto.

Tranvía

Es la mejor opción para desplazarse entre la estación de trenes, el aeropuerto, el puerto y el centro.

Autobús

Los autobuses son más útiles para destinos de playa y en zonas periféricas como Cimiez.

Bicicleta

El sistema de bicicletas compartidas VéloBleu (velobleu.org) permite descubrir Niza a bajo coste.

Barrios de Niza y Mónaco

Cimiez, Libération y Vernier (p. 81)
La colina de Cimiez alberga mansiones, museos de arte y ruinas romanas; los barrios residenciales de las estribaciones muestran la vida cotidiana de los nizardos.

Le Port-Garibaldi (p. 97)
Repleto de bares y *boutiques* bohemias, es el centro de la vida nocturna de Niza y el animado punto de partida de las excursiones en barco por la costa y los ferris a Córcega.

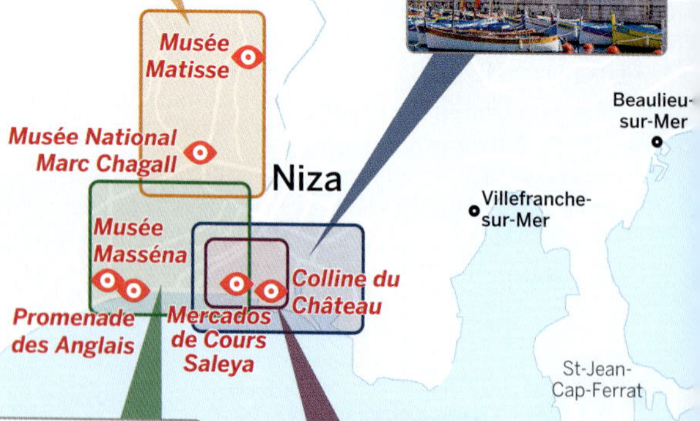

Ciudad nueva y Promenade des Anglais (p. 61)
En el elegante paseo marítimo de Niza aún brilla la *belle époque;* el moderno centro urbano cuenta con parques, plazas y tiendas de lujo.

Vieux Nice (p. 41)
El populoso centro histórico de Niza tiene de todo: pintorescas callejuelas con restaurantes y tiendas, playas, un animado mercado y un hermoso parque en una colina.

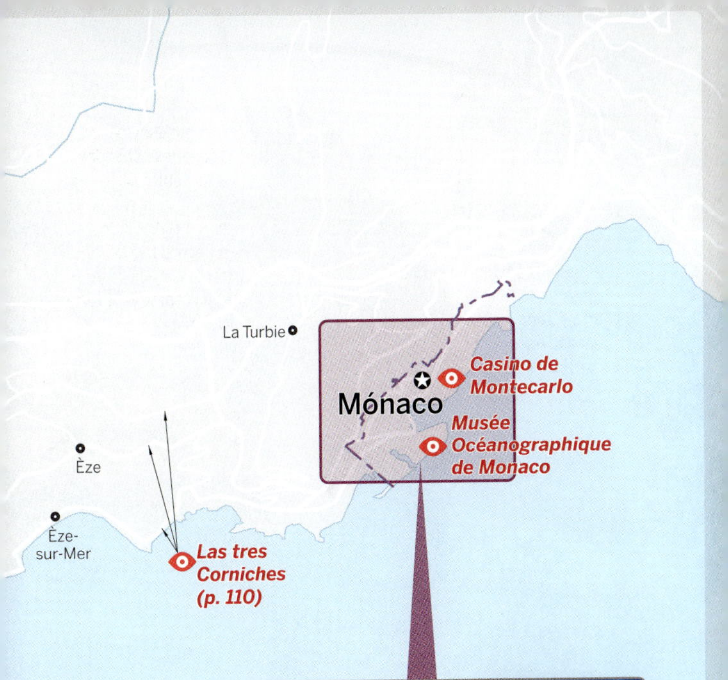

Mónaco (p. 117)
Sinónimo de rutilante casino, palacio principesco y Gran Premio de Fórmula 1, Mónaco también posee museos, jardines, villas y fabulosas vistas al Mediterráneo.

Explorar
Niza y Mónaco

Merece la pena

Circuitos a pie

Monastère de Notre Dame de Cimiez (p. 91).
MARGARITA HINTUKAINEN/SHUTTERSTOCK ©

Explorar
Vieux Nice

Arropado por un pulcro triángulo peatonal entre un frondoso promontorio y el brillante Mediterráneo, el barrio más antiguo de Niza es delicioso. Las angostas calles de Vieux Nice, salpicadas de fotogénicas casas del s. XVIII de tonos ocre, cuentan con abundantes mercados, bares, bistrós y boutiques, y la playa está a 5 min del centro.

Lo esencial

- ***Mercados de Cours Saleya (p. 42)*** *Sumergirse en el ritmo de vida del barrio en los mercados matinales.*
- ***Socca du Cours (p. 52)*** *Degustar la socca, una tortita de garbanzos horneada en la vecindad.*
- ***Colline du Château (p. 44)*** *Disfrutar de las amplias perspectivas de Vieux Nice desde la colina que domina la ciudad.*
- ***Plage Publique des Ponchettes (p. 50)*** *Disfrutar de los clásicos baños de sol de la Costa Azul en la playa pública de Vieux Nice.*
- ***Centre du Patrimoine (p. 47)*** *Ver el casco antiguo a través de los ojos de un nizardo en estos interesantes circuitos a pie.*

Cómo llegar y desplazarse

Vieux Nice es compacto y peatonal, así que lo más fácil y agradable es explorarlo a pie.

Línea 1 a Opéra-Vieille Ville o Cathédrale-Vieille Ville.

Plano de la zona en p. 48.

Mercado de flores de Cours Saleya (p. 43). EVA-KATALIN/GETTY IMAGES ©

Las mejores experiencias

Rebuscar en los mercados de Cours Saleya

El lugar más emblemático del casco antiguo de Niza es la colorida plaza peatonal del mercado, que ocupa 250 m de este a oeste junto a las antiguas murallas, a una manzana del mar Mediterráneo y bajo la histórica colina del Castillo. En 1861 se instaló el primer mercado de frutas, verduras y flores, que siglo y medio después sigue funcionando.

PLANO P. 48, D4

6.00-13.30 ma-do

Mercado de flores

Los días de mercado, un mar de colores y fragancias llena el extremo oeste de Saleya: rosas, lirios, mimosas, claveles, jazmines, azahares, violetas y más. Las flores proliferan en el suave microclima de Niza por la vertiginosa inmersión de los Alpes en el Mediterráneo, que crea un muro protector en torno a la costa, frente al gélido clima septentrional. Las flores han sido el pilar de la economía local del perfume desde el s. XVIII. A diferencia del mercado de frutas y verduras, que cierra a la hora de comer, aquí los vendedores permanecen hasta bien entrada la tarde, vendiendo desde rosas hasta limoneros y naranjos enanos, bolsitas de lavanda y jabones provenzales de colores.

Mercado de abastos

El mercado de alimentación de Cours Saleya ocupa dos manzanas y está repleto de productos mediterráneos de temporada de pequeños agricultores: tomates ecológicos multicolores, alcachofas diminutas, habas, calabacines en flor con delicados pliegues, aceitunas *niçoise* y muchos cítricos recién recolectados de la vecina Menton. Los fines de semana, los queseros descienden de las estribaciones alpinas con quesos de oveja y cabra de producción local y burrata del otro lado de la frontera italiana. Niza recibe 2700 h de sol al año (frente a las 1650 de París), por lo que incluso en invierno abundan los productos locales.

Mercadillo

Los lunes, los mercados de productos y flores de Saleya libran, cediendo el puesto a un animado *brocante* (mercadillo) que dura todo el día. Se vende de todo, desde muebles de época hasta joyas antiguas, monedas, sellos, plata, porcelana, cristal y menaje de cocina. Con más de 100 vendedores, merece la pena dedicarle un rato. Conviene regatear, pues los precios son elevados.

★ Consejos

- Sábado y domingo son los mejores días para comprar quesos de oveja y cabra.
- Tanto el mercado de flores como el de frutas y verduras cierran los lunes, aunque el mercadillo es una buena alternativa.
- En primavera y verano (med-may-med sep), un mercado de artesanos locales ocupa Cours Saleya (18.00-00.30), salvo los lunes.
- El artista Henri Matisse contemplaba esta escena todas las mañanas desde la ventana de su estudio del Palais Caïs de Pierlas, en Place Charles Félix (el edificio dorado del extremo este del mercado).

✕ Una pausa

A la hora de comer, el restaurante familiar Acchiardo (p. 51) ofrece fabulosos platos tradicionales nizardos.

En Les Distilleries Idéales (p. 55) se puede tomar algo y ver a la gente desde la terraza.

Las mejores experiencias

Subir las escaleras de la Colline du Château

Para disfrutar de las mejores vistas de los tejados rojos de Niza hay que subir las tortuosas escaleras hasta la arbolada colina del extremo oriental del casco antiguo. En el s. IV a.C., los marineros griegos eligieron esta colina como puesto militar para proteger sus rutas comerciales hacia el noroeste del Mediterráneo. Su nombre actual (que significa colina del Castillo) da fe del impresionante castillo medieval que se alzaba aquí.

PLANO P. 48, G5

Entrada gratis

Una fortaleza (casi) inexpugnable

A lo largo de los siglos, innumerables invasores trataron en vano de conquistar la fortaleza de Niza. Durante el asedio franco-turco de 1543, las tropas del almirante otomano Jeiraddín Barbarroja se hallaban a punto de tomar el castillo cuando, según la leyenda, un soldado turco que enarbolaba su bandera en señal de victoria provocó la ira de la lavandera Caterina Segurana, quien le golpeó en la cabeza con una pala.

El gesto de Catalina alentó a los nizardos y les permitió resistir hasta la llegada de Carlos III, duque de Saboya, auxiliado por Carlos I de España para expulsar a las fuerzas franco-turcas. Caterina Segurana sigue siendo una de las heroínas de la ciudad, recordada en varias estatuas.

En 1706, el rey francés Luis XIV lo redujo a escombros; Niza aún formaba parte del rival ducado de Saboya en aquella época.

Vista desde la cumbre

Desde Vieux Nice, unas escaleras conducen a la cumbre (hoy un parque) o se puede tomar el **ascensor** gratuito. Tras admirar las panorámicas de Promenade des Anglais desde la **Tour Bellanda,** lo mejor es pasear por la **Cascade du Casteu** (una cascada artificial del s. XVIII) o entre los cipreses y las ornamentadas lápidas del **Cimitière du Château,** del s. XVIII.

En todo el parque hay unas vistas excepcionales que se extienden de oeste a este, desde Vieux Nice hasta el puerto, y de norte a sur, desde los Alpes hasta el Mediterráneo. Es ideal para un pícnic a la sombra en el verano.

★ Consejos

- En la cima, desde hace más de 150 años, un cañonazo a mediodía anuncia la hora del almuerzo, aunque hoy el estruendo se debe a unos ingeniosos fuegos artificiales y no a la artillería.
- Se puede subir a la colina en el ascensor gratuito desde el paseo marítimo y disfrutar de las vistas sin sudar.
- Pese a su nombre, no hay que esperar encontrar ningún castillo. El que le da nombre fue destruido en 1706 por Luis XIV (antes de que Niza formara parte de Francia).

✕ Una pausa

Es buena idea parar a tomar un helado, un café o un sándwich en **La Citadelle,** el chiringuito de la colina.

De vuelta al nivel del mar, se puede tomar una copa y disfrutar de las vistas del paseo marítimo en La Movida (p. 54).

Circuito a pie

Circuito histórico por Vieux Nice

Las huellas de la historia milenaria de Niza son visibles por doquier en Vieux Nice. Empezando en la Colline du Château, donde los marineros griegos establecieron el asentamiento fortificado de Nikaïa en el año 350 a.C., este circuito discurre por las calles medievales del barrio, pasando por la catedral barroca y la ópera del s. XIX, el mercado y el paseo marítimo, antes de volver a subir a la colina del Castillo para disfrutar de la panorámica.

Datos

Inicio Place St-Augustin

Final Colline du Château

Distancia 2 km; 1 h

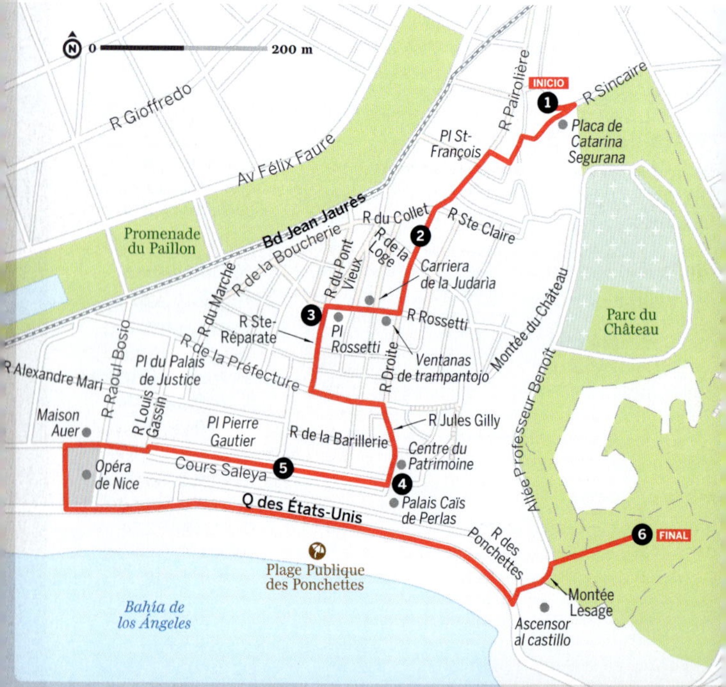

❶ Place St-Augustin

La visita comienza en Place St-Augustin, al pie de la Colline du Château, cuya posición estratégica sobre el Mediterráneo la convirtió en la fortaleza defensiva de Niza desde la época griega hasta principios del s. XVIII. En la entrada hay una placa en honor a Caterina Segurana, la heroica lavandera que en 1543 salvó la colina del asedio franco-turco.

❷ Callejuelas medievales

Al sur se encuentra **Rue Droite,** una vía del s. XIII dedicada al lucrativo comercio de sal de Niza con los Alpes. Se gira a la derecha por Rue Rossetti y, a la izquierda, se ven las **ventanas de trampantojo.** Algunas contraventanas son auténticas, otras falsas... ¿cómo distinguirlas? Una manzana al oeste, se observa la señal de **Carriera de la Judarìa,** el corazón del barrio judío medieval de Niza.

❸ Catedral de Ste-Réparate

La **catedral** (p. 50) asoma a la vista. Hoy, esta joya barroca del s. XVII es la perla de Vieux Nice. Debe su nombre a la patrona de Niza, santa Reparata, mártir palestina del s. III cuyo cuerpo, al parecer, fue transportado por los ángeles a través del Mediterráneo. **Place Rossetti,** frente a la iglesia, muestra fuertes influencias italianas en las altas contraventanas y la combinación de rojos y amarillos.

❹ El estudio de Matisse

Si se avanza en zigzag hacia el sur, hasta el extremo oriental de Cours Saleya, en el nº 14 de Rue Jules Gilly, el **Centre du Patrimoine** (nice.fr/fr/culture/vos-rendez-vous-patrimoine) organiza magníficas visitas guiadas por el casco antiguo de Niza; a su derecha, en el nº 1 de Place Charles Félix, se encuentra el grandioso y dorado **Palais Caïs de Pierlas,** donde Matisse tuvo su estudio entre 1921 y 1938.

❺ De Cours Saleya a la Opéra

Caminando hacia el oeste por Cours Saleya, se disfruta de los colores, las vistas y los olores de los **mercados de flores y alimentación** (p. 42). Más abajo, a la derecha, se encuentra la **Maison Auer** (p. 56), una pastelería de quinta generación famosa por sus bombones y frutas confitadas. A la izquierda, se alza la venerable **ópera** (p. 55), de finales del s. XIX.

❻ De la playa a la colina del Castillo

Hay que girar a la izquierda hacia el Mediterráneo y seguir Quai des États-Unis al este hasta la popular playa de Niza, **Plage Publique des Ponchettes** (p. 50). Al otro lado de la calle, un ascensor lleva gratis a la cima de la **Colline du Château** (p. 44), desde donde se divisan los parajes que se acaban de dejar atrás.

A
B
C
D
1
2
3
4
5
6
R Blacas
R de l'Hôtel des Postes
R Gioffredo
R Alberti
R Chauvain
Av Félix Faure
Promenade du Paillon
Espace Masséna
Fuente del Espejo de Agua
Bd Jean Jaurès
R de la Boucherie
R du Pont Vieux
Le Comptoir du Marché
Catedral de Ste-Réparate
Fenocchio
R du Marché
R St-Vincent
R de la Préfecture
Azzurro Artisan Glacier
R Ste-Réparate
R Centrale
Maison Barale
R Pl Vieille
R A Mari
R Raoul Bosio
Pl du Palais de Justice
R Alexandre Mari
R St-Gaëtan
R Louis Gassin
Pl Pierre Gautier
Chapelle de la Miséricorde
R de la Barillerie
Fenocchio
R St-François de Paule
Cours Saleya
R de la Poissonnerie
Mercados de Cours Saleya
Socca du Cours
Q des États-Unis
Plage Publique des Ponchettes
MAR MEDITERRÁNEO
1
3
4
5
6
8
11
13
15
18
19
20
22
24
25
28
29
30
31
32
33
Reseñas en:
Las mejores experiencias p. 42
Puntos de interés p. 50
Dónde comer p. 50
Dónde beber p. 54
Ocio p. 55
De compras p. 56
0
200 m

E
F
G
H
1
2
3
4
5
6
Av Félix Faure
Promenade du Paillon
R Miralhéti
Chez René Socca
17
R de la Tour
R Cassini
R Sincaire
R Catherine Ségurane
Montée de Montfort
Pl St-François
R Pairolière
R François Zanin
Pl St-Augustin
Bd Jean Jaurès
R Guigonis
R du Collet
R Ste Claire
27
26
7
12
R Benoît Bunico
R de la Croix
R de la Loge
2
Palais Lascaris
21
Montée du Château
R Rossetti
R St-Joseph
23
R Droite
Pl du Gesù
14
Parc du Château
Allée Professeur Benoît
9
10
VIEUX NICE
R Jules Gilly
16
R des Ponchettes
Colline du Château
Q des États-Unis
Montée Lesage
Bahía de los Ángeles
Q Rauba Capeu

Puntos de interés

Plage Publique des Ponchettes

PLAYA

1 PLANO P. 48, D5

Frente a Vieux Nice, es la playa más concurrida, con bañistas tostándose al sol o jugando al vóley-playa.

Palais Lascaris

EDIFICIO HISTÓRICO

2 PLANO P. 48, E3

El barroco palacio Lascaris es una noble mansión del s. XVII que alberga frescos, tapices flamencos, loza y tétricas pinturas religiosas, además de una colección de instrumentos musicales de época y exposiciones temporales de arte.

Catedral de Ste-Réparate

CATEDRAL

3 PLANO P. 48, D3

Una de las joyas arquitectónicas barrocas de Niza, construida en el s. XVII en honor de la patrona de la ciudad, que también lo es de Florencia. Santa Reparata, nacida en Palestina en torno al año 234, fue martirizada y su cuerpo transportado en una barca hasta Niza por unos ángeles. De ahí el nombre de la bahía de la ciudad. (cathedrale-nice.fr)

Chapelle de la Miséricorde

IGLESIA

4 PLANO P. 48, D4

Esta capilla de 1740 en Cours Saleya es conocida por su excepcional riqueza arquitectónica.

Dónde comer

Peixes

MARISCO €€

5 PLANO P. 48, A4

Este pequeño y elegante restaurante de marisco (con un nuevo hermano en Rue Bonaparte) es obra del restaurador local Armand Crespo. Con una decoración náutica en blanco y turquesa, lámparas colgantes con ojos de pez y murales de una sirena con tentáculos que atrapa un barco pesquero, utiliza pescado fresco de la zona para elaborar ceviches, tartares y *tatakis* al estilo japonés en una cocina abierta. (peixes.fr)

Le Bar des Oiseaux

FRANCESA €€

6 PLANO P. 48, C3

Oculto en una angosta calleja, este clásico del casco antiguo funcionaba desde 1961 como popular club nocturno antes de reencarnarse en restaurante (algunos atrevidos murales han sobrevivido a la transición). Hoy, es un animado bistró de excelente cocina francesa tradicional con toques modernos. El almuerzo especial entre semana tiene una relación calidad-precio fenomenal. A reservar con antelación. (☎ 04 93 80 27 33)

Chez Palmyre

FRANCESA €

7 PLANO P. 48, E2

Para degustar la auténtica cocina nizarda se recomienda este pequeño y acogedor bistró en el corazón del casco antiguo. La car-

El imperio del bistró

Algunos de los mejores restaurantes de la ciudad pertenecen al restaurador pionero Armand Crespo. Peixes, Le Bar des Oiseaux y Type 55 son las últimas incorporaciones a su imperio, pero sus dos bistrós originales merecen una visita.

Le Bistrot d'Antoine (instagram.com/bistrot_dantoine_nice) Bistró francés por excelencia, con manteles a cuadros, mesas a pie de calle y un servicio impecable, por no hablar de la pizarra escrita a mano, con clásicos como paté de conejo, morcilla y *magret* de pato: el lugar ideal para un primer contacto con la cocina francesa.

Le Comptoir du Marché (comptoirdumarche.fr) Con decoración de cocina antigua y precios muy asequibles, su éxito es previsible. Hay cinco o seis platos principales diarios, garabateados en una pizarra. Da un giro moderno a las recetas tradicionales francesas, con abundantes menudillos y platos básicos como *magret de canard* (de pato), conejo confitado y *joue de cochon* (carrillada de cerdo).

ta está dominada por la carne, con callos, ternera, pollo a la cazuela y similares, fieles a la cocina provenzal tradicional. Es una ganga y muy popular. Hay que reservar con antelación, incluso al mediodía. (restaurantchezpalmyre.eatbu.com)

La Rossettisserie FRANCESA €€

8 PLANO P. 48, D3

La carne asada es la protagonista: ternera, pollo, buey o cordero, acompañados de puré de patatas o patatas salteadas, pisto o ensalada. Sencillo y espléndido, con decoración rústica y una encantadora bodega abovedada. (larossettisserie.com)

Acchiardo FRANCESA €

9 PLANO P. 48, E4

Servicio cálido y calidad impecable identifican a este restaurante tradicional de barrio, en manos de la misma familia desde 1927. Vecinos y turistas llenan sus tres salones de piedra para degustar delicias como *merda di can* (pequeños ñoquis verdes apodados "caca de perro" por su forma, no por su sabor), salmonete con judías verdes al perejil y *tapenade* de aceitunas, y tiramisú. (instagram.com/restaurantacchiardo)

Zielinska PANADERÍA

10 PLANO P. 48, E4

En Vieux Nice, Dominika Zielinska, historiadora polaca convertida en panadera, recupera harinas locales olvidadas, como la *pétanielle noire*

El tentempié favorito de Niza

El aperitivo callejero llamado *socca* es una sabrosa tortita de harina de garbanzos y aceite de oliva que se vierte en grandes sartenes metálicas y se cuece como una *pizza* en hornos de leña. Sale muy caliente y se trocea en *parts* o porciones individuales. En los mejores sitios, siempre hay una cola de gente esperando su *part*, que se sirve en un humilde plato de papel, espolvoreado con abundante pimienta negra. No hay sabor más típicamente nizardo y su atractivo crece con el tiempo. Algunos establecimientos destacados del casco antiguo son los que siguen.

Socca du Cours En el corazón de los mercados de Cours Selaya, este sencillo puesto atrae a multitudes cada mañana con *socca* recién horneada, que se entrega cada pocos minutos en bicicleta, y los típicos aperitivos locales: col rellena, *tourte de blette* (tarta salada de acelgas con pasas, piñones y parmesano) y *pissaladière* (tarta de cebolla tradicional con *pissala* –pasta de anchoa, que en dialecto nizardo significa "pescado salado"–).

Chez René Socca No cabe esperar un servicio esmerado en este caótico y sencillo restaurante de esquina, pero sí una excelente porción de *socca*, junto a *beignets de sardines* (buñuelos de sardina) o *petits farcis* (verduras rellenas), como las que preparaba la *grande-mère* (abuela). Se pueden consumir en la terraza del bar de enfrente si se pide una bebida (vino, cerveza, café, etc.).

de Nice, en su obrador. Sus tartaletas son ideales para desayunar en la playa y, según ella, sus panes son excelentes para la digestión y el medio ambiente. (zielinska.fr)

Olive et Artichaut PROVENZAL €€

11 PLANO P. 48, D4

Apenas hay sitio para mover una sartén en este pequeño bistró callejero, sobre todo cuando se llena (como es habitual), aunque eso no parece preocupar al joven chef nizardo Thomas Hubert y a su afable equipo.

Se abastece en lo posible de proveedores locales (cordero de Sisteron, aceitunas *niçoise*, pescado de la zona) y da un toque personal a los clásicos. Se recomienda reservar. (oliveartichaut.com)

Koko Green VEGETARIANA €

12 PLANO P. 48, E2

En este popular restaurante recién abierto en Vieux Nice, un neozelandés y un naturópata preparan una asombrosa variedad de delicias vegetarianas, crudas y veganas. Los especiales semanales son de inspiración global: sopa de tortilla mexicana, falafel de Oriente Próximo, crepes vietnamitas... Todo ecológico, sin gluten y con zumos naturales.

La estrella es la tarta de queso vegana; la imitación de la crema asombra a los amantes de los lácteos. (kokogreen.com)

La Merenda

FRANCESA €

13 PLANO P. 48, B4

La sencilla y consistente cocina nizarda (bacalao, callos de ternera *à la niçoise* con *panisse* –palitos de masa de garbanzos fritos–, etc.) de Dominique Le Stanc, ganador de dos estrellas Michelin, atrae multitudes a este pequeño bistró donde los comensales literalmente se codean. La pequeña cocina abierta se muestra al fondo de la sala, y la carta, igualmente exigua, está escrita con tiza en la pizarra.

No hay teléfono ni acepta tarjetas de crédito. Las comidas se sirven a las 12.00 y las 13.15, y las cenas, a las 19.00 y las 21.00. Hay que reservar con antelación en persona. (lamerenda.net)

La Cave du Fromager

FRANCESA €€

14 PLANO P. 48, E3

El queso es la base del buen ambiente de este bistró, con bodega abovedada de ladrillo y piedra, iluminado por velas. El menú cambia según la temporada, pero siempre se centra en el queso: sopa de roquefort y brócoli; camembert al

Socca.

Helados a gogó

Entre baño y baño en la playa, no existe paréntesis más dulce que un helado de alguna de las famosas heladerías que hay en Vieux Nice.

Fenocchio (fenocchio.fr) Este *maître glacier* (maestro heladero) es el rey desde 1966. La variedad de sabores abarca más de 70 opciones: aceituna, tomate, higo, cerveza, lavanda y violeta, entre otros. A veces hay menos cola en su otro local, a la vuelta de la esquina.

Azzurro Artisan Glacier (facebook.com/AzzurroArtisanGlacier) El helado es sublime, aunque aún más excepcionales son los conos de gofre, que se preparan en la plancha frente al cliente.

horno con avellanas, miel y calvados; *tartiflette* (cazuela saboyana de patatas, tocino, cebolla y queso reblochon fundido...).

Los propietarios irradian siempre mucha energía y hablan inglés. (lacavedufromager.fr)

Lavomatique

BISTRÓ €€

15 PLANO P. 48, D3

Los taburetes de la barra son la mejor opción en este bistró de moda junto a Place Rossetti, con sabrosos platos para compartir preparados al momento en una cocina abierta y acompañados de vinos naturales. La carta de raciones varía según la temporada, pero el cremoso *panisse* es uno de los favoritos.

Su antigua fachada delata su pasado como lavandería. (lavomatique-restaurant.business.site)

Dónde beber

La Movida

COCTELERÍA

16 PLANO P. 48, E5

No hay lugar en Vieux Nice con mejores vistas de la gente que la terraza junto a la playa y el balcón del 1er piso de La Movida. Hay que tratar de conseguir una antes de la puesta de sol y disfrutar con calma de los cócteles, las tapas, los DJ y la música en directo. (movida.today)

Cave de la Tour

BAR DE VINOS

17 PLANO P. 48, F1

Desde 1947, los habitantes de la región confían en los propietarios de esta acogedora *cave* (bodega) para degustar los mejores vinos de los Alpes Marítimos y del Var.

Es un lugar destartalado, con barriles de vino volcados y una clientela fiel, compuesta por pescaderos y vendedores del mercado que toman un trago a primera hora de la mañana. (cavedelatour.com)

Les Distilleries Idéales CAFÉ

18 PLANO P. 48, D4

El lugar con más ambiente del casco antiguo para cócteles, cervezas de barril o vino local por copas. Con paredes de ladrillo, decoración de la década de 1930 y dos plantas (con un pequeño balcón para ver a la gente), está siempre lleno hasta tarde. Hora feliz de 18.00 a 20.00. (facebook.com/ldinice)

Ma Nolan's PUB

19 PLANO P. 48, B4

Pub irlandés grande y ruidoso, lugar de referencia para los extranjeros de la ciudad (hay otro en el puerto). Con música en directo, pantallas gigantes, comida de *pub* y Guinness de barril, siempre hay jaleo. (ma-nolans.com)

Barrique BAR DE VINOS

20 PLANO P. 48, D4

Pequeño bar de moda de estilo nizardo. Se puede beber en el local o comprar una botella para llevar. Todos los vinos son naturales y de productores independientes. (lebarrique.fr)

Snug & Cellar PUB

21 PLANO P. 48, E3

Un rincón más tranquilo que la mayoría de los *pubs* del casco antiguo, sobre todo las mesas preferentes del sótano. Las sesiones de micrófono abierto semanales, la retransmisión de partidos de rugbi y fútbol y las actuaciones ocasionales despiertan mucho interés. Hay grandes bancos de pícnic a la entrada para tomar una copa al atardecer y observar a la gente. (instagram.com/snugandcellarnice)

Pasta fresca legendaria

Durante siglos, Niza se identificó más con Italia que con Francia, y sus profundas raíces culturales italianas perviven en la gran cantidad de tiendas de pasta fresca.

La **Maison Barale** (maison-barale.fr), con 130 años de antigüedad, es el lugar de referencia para probar deliciosos raviolis rellenos de alcachofas, pistachos, limón confitado y un rico estofado de ternera, así como *panisse* precocinados con la tradicional forma de platillo.

Ocio

Opéra de Nice ÓPERA

22 PLANO P. 48, B4

El antiguo edificio de 1885 programa ópera, *ballet* y conciertos. (opera-nice.org)

Shapko MÚSICA EN DIRECTO

23 PLANO P. 48, E3

Cerca de la plaza de la catedral, Shapko ofrece cada noche música en directo de varios géneros: *blues, funk, jazz,* R&B, soul, *rock* y otros. Atrae a público de todas las edades. (shapkobar.com)

Dónde escuchar música en directo

- **Wayne's Bar** Divertido *pub* inglés de Vieux Nice con bandas tributo que tocan grandes éxitos para que la gente baile sobre las mesas.
- **Shapko** Gran apuesta nocturna en Vieux Nice con *jazz*, soul, R&B y *blues rock*, y un público de todas las edades.
- **La Cave Romagnan** Un bar de vinos cerca de la estación de Thiers, ideal para escuchar *jazz* los sábados por la noche.
- **La Zomné** Local *underground* y alternativo en Libération con una programación ecléctica; hay que seguirlo en las redes sociales para saber lo que se cuece.

Por Did Kwo, *guitarrista y compositor de Niza que ha tocado en bares y restaurantes de toda la ciudad.*

Wayne's Bar

MÚSICA EN DIRECTO

24 PLANO P. 48, C3

Auténtico *pub* situado en una franja de bulliciosos locales de copas en Rue de la Prefecture: numerosas cervezas de barril, una lista de grupos musicales nocturnos y deportes en pantalla grande.

Las mesas sirven para bailar según avanza la noche. Aunque desaliñado, la diversión está asegurada. (waynesbar-restaurant.com)

De compras

Maison Auer

COMIDA

25 PLANO P. 48, B4

Con mostradores y espejos dorados, esta opulenta tienda, regentada por la misma familia desde hace cinco generaciones, parece más una *boutique* del s. XIX que una tienda de dulces, pero los nizardos exigentes compran sus *fruits confits* (frutas confitadas) y sus *amandes chocolatées* (almendras con chocolate) aquí desde 1820. (maison-auer.com)

Friperie Caprice

VINTAGE

26 PLANO P. 48, E2

La tienda *vintage* favorita de Niza es un paraíso de ropa, joyas y accesorios que abarcan gran parte del s. XX. Destaca el amable asesoramiento de su propietaria, Madame Caprice, que conoce en profundidad todos los artículos de la tienda. (facebook.com/CapriceVintageShop)

Galerie ArtNice

ARTE

27 PLANO P. 48, E2

Las obras de arte de esta galería de Vieux Nice están hechas a mano en la ciudad: desde joyas y accesorios de moda hasta pinturas y grabados.

Pero los recuerdos más atractivos son las réplicas en miniatura de las famosas sillas azules de Promenade des Anglais. (artnice.com)

Olio Donato
COMIDA

28 PLANO P. 48, D2

La poderosa influencia italiana en Niza se mantiene en tiendas como esta, con un gran variedad productos del vecino Piamonte. Destacan el aceite de trufa blanca, el de oliva y la deliciosa crema de avellana.

Les Grandes Caves Caprioglio
VINO

29 PLANO P. 48, D4

Esta tienda bien surtida es un buen lugar para encontrar Bellet, un vino DOC de pequeña producción cultivado en las laderas al noroeste de Niza. También es el preferido de los vecinos para comprar una botella fría de vino rosado para improvisar un pícnic en Plage Publique des Ponchettes. (caprioglio.fr)

Le Fromage
QUESO

30 PLANO P. 48, D3

El propietario, Laurent Viterbo, ofrece una nutrida selección de quesos de oveja, cabra y vaca de producción local en esta famosa *fromagerie* de Vieux Nice. (lefromage.fr)

La Movida (p. 54).

Léxico culinario nizardo

La colorida gastronomía de Niza es uno de los puntos fuertes de cualquier viaje. Se recomienda probar algunas especialidades regionales.

- **Aïoli** Los viernes, un clásico local con bacalao, verduras hervidas y un delicioso alioli.
- **Barbajuans** Saquitos de pasta frita rellenos de acelgas, cebolla, perejil, arroz y queso rallado.
- **Beignets de fleurs de courgettes** Buñuelos de calabacín.
- **Bugnes** Deliciosos buñuelos de masa firme al aroma de azahar que se venden en las pastelerías en época de carnaval.
- **Capoun** Rollo de col relleno de carne, arroz, huevos, queso, cebolla y/o perejil.
- **Daube provençale** Estofado de ternera con vino tinto y verduras, ideal para el invierno.
- **Merda di can** El nombre (literalmente "caca de perro") alude a la forma cilíndrica de estos ñoquis verdes de patata y acelga.
- **Panisse** Versión más gruesa de la *socca,* frita en lugar de horneada, que va ganando terreno como alternativa a las patatas fritas.
- **Pan bagnat** Clásico bocadillo nizardo de atún con huevo duro, aceitunas, tomates, pimientos y otras verduras crudas en un panecillo rociado con aceite de oliva. Anchoas opcionales.
- **Petits farcis** Mezcla de verduras (tomates, pimientos, berenjenas y/o calabacín) rellenas de carne picada, ajo, perejil y pan rallado.
- **Pissaladière** Deliciosa tarta de cebollas caramelizadas sobre un lecho de pasta de anchoas y aceitunas negras *niçoise.*
- **Salade niçoise** La mayoría de los cocineros de la región coinciden en que una buena *salade niçoise* incluye tomates, cebollas verdes, huevos duros, anchoas, aceitunas, pimientos y atún, y quizá también alcachofas moradas crudas, rábanos, apio y/o habas; pero, en general, evitan las patatas cocidas y las judías verdes que se añaden a las versiones extranjeras.
- **Socca** Sabrosa tortita de garbanzos.
- **Tourte aux blettes** Pastel de acelgas, pasas, piñones, manzanas, huevo y queso, a veces espolvoreado con azúcar glas.

Pâtisserie LAC COMIDA

31 PLANO P. 48, D4

Deliciosos *macarons* y bombones del *pâtissier* (pastelero) Pascal Lac y excelentes *gâteaux* (tartas). Tiene otras dos tiendas en la ciudad.

Trésors Publics TIENDA CONCEPTUAL

32 PLANO P. 48, D3

Una mina de productos fabricados en Francia, que transportan a muchos franceses a su infancia. Entre artículos de papelería, juegos, menaje, ropa, alimentos y adornos, elaborados por pequeños productores de todo el país, se puede encontrar algún recuerdo especial o el regalo perfecto.

Nicolas Alziari COMIDA

33 PLANO P. 48, A4

Magnífico aceite de oliva prensado a mano, recién salido de la almazara de las afueras de Niza. Se presenta en varios sabores con distintos matices frutales, pero el clásico *cuvée prestige* se envasa en la icónica lata azul que adorna la mesa de los restaurantes locales. También vende deliciosas *tapenades*, mermeladas, miel y otros productos.

Bugnes.

Se puede visitar el molino para conocer el proceso: hay que tomar el autobús nº 6 hasta la parada Terminus. Las visitas son gratuitas, pero hay que reservar con antelación. (alziari.com.fr)

Explorar

Ciudad nueva y Promenade des Anglais

El paseo marítimo de Niza, bordeado de palmeras, atrae a turistas desde el s. XIX. La ciudad nueva y Promenade des Anglais son el corazón de la escena playera y comercial de la ciudad, con hoteles, restaurantes y tiendas. Es ideal para unas vacaciones junto al mar.

Lo esencial

- ***Promenade des Anglais (p. 62)*** *Ver y ser visto en el paseo marítimo.*
- ***Musée Masséna (p. 66)*** *Curso intensivo de historia de la* belle époque *nizarda.*
- ***Promenade du Paillon (p. 74)*** *Refrescarse bajo los chorros de agua o la sombra de los árboles en el pulmón verde de Niza.*
- ***Hôtel Amour (p. 76)*** *Codearse con la moderna clientela de este bar y restaurante de hotel.*
- ***Hôtel Negresco (p. 74)*** *Admirar la elaborada arquitectura y saborear la alta cocina en este emblemático monumento.*

Cómo llegar y desplazarse

Caminar es la forma más agradable de explorar el paseo marítimo. En el interior, los tranvías y autobuses recorren los 2 km del barrio.

Línea 1 norte-sur: para en la estación de trenes y en Place Masséna. La línea 2 va de este a oeste, próxima al paseo marítimo.

Línea 12: recorre Promenade des Anglais entre el aeropuerto y Vieux Nice.

Plano de la zona en p. 72.

Sillas azules, Promenade des Anglais (p. 62).

ANDREI ANTIPOV/SHUTTERSTOCK ©

Las mejores experiencias

Pasear por Promenade des Anglais

PLANO P. 72, C5

El legendario paseo marítimo de Niza, llamado localmente La Prom, ha definido el litoral occidental de la ciudad durante casi 200 años, más tiempo del que Niza ha pertenecido a Francia. Concebido en la década de 1820 como un camino costero de 2 m para los aristócratas británicos que pasaban el invierno, a principios del s. XX se había convertido en una calle de 7 km iluminada con gas y la más prestigiosa de la Costa Azul.

Hoteles de época

La llegada del tren a Niza en 1864 disparó la afluencia de turistas en busca de sol. A medida que el paseo marítimo se ensanchaba y alargaba, surgieron hoteles y villas, y pronto se convirtió en la zona residencial más lujosa de Niza.

En los 70 años siguientes, a los primeros hoteles, como el **Hôtel West End** (1842), se sumaron otros que aún siguen en pie, como el **Westminster** (1881), el **Royal** (1906) y el *art déco* **Palais de la Méditerranée** (1929). Quizá el más famoso sea el **Hôtel Negresco** (p. 74); su distintiva fachada y su cúpula rosada sorprenden a los visitantes como ya lo hicieron la calefacción central y los baños privados cuando se inauguró en 1912. Esta joya sigue en el nº 37 del paseo.

Playas interminables

Promenade des Anglais cuenta con más de una docena de playas diferentes entre **Plage Carras** (cerca del aeropuerto de la Costa Azul) y **Plage du Centenaire** (frente al Jardin Albert 1er, cerca de Vieux Nice).

La mayoría son privadas y están valladas, cuentan con sus propios restaurantes, bares, tumbonas y sombrillas de alquiler y están cerradas en invierno. Ofrecen varias ventajas, como asientos cómodos, mayor seguridad, comida y bebida en el recinto, duchas y wifi, aunque tales comodidades tienen un precio: 25-30 € diarios por una sombrilla y una tumbona.

Otras, como Plage du Centenaire, en el extremo oriental de Promenade des Anglais, son de acceso público, al igual que las zonas sin vallar entre las playas privadas. La franja de guijarros junto al agua también es pública y se puede recorrer a pie.

Dado que las playas de Niza son de guijarros, no de arena, caminar descalzo o tumbarse solo

★ Consejos

- Las playas privadas de Niza cobran una tarifa, aunque se puede pasear libremente por ellas, mientras se permanezca cerca del agua y uno no se demore.
- Muchas playas privadas ofrecen descuentos de medio día a partir de las 14.00.
- Al entrar en Vieux Nice, al este del Jardin Albert 1er, las playas continúan, pero el paseo marítimo cambia su nombre a Quai des États-Unis.

✕ Una pausa

Saborear los mismos cruasanes que los huéspedes del Hôtel Negresco, de cinco estrellas, en la Boulangerie roy Le Capitole (p. 76), a una manzana de la playa.

Disfrutar del sol y de las hermosas vistas mediterráneas con *pizzas*, pastas y marisco a orillas del mar en Le Galet (p. 76).

Curiosidades

- Las playas de arena no son el punto fuerte de Niza, para eso habría que dirigirse unos 30 km al oeste, cerca de Antibes y Juan-les-Pins. Aquí se disfruta de preciosas aguas azules y de la ventaja de los guijarros sobre la arena: no hay que sacudirse los pies todo el rato.

- El hotel más emblemático de Niza, el Negresco, fue construido por el hotelero rumano Henri Negresco en 1912. Está repleto de coloridos detalles de época, como la araña de cristal de Baccarat (5 m y 1 tonelada) del Salón Real, encargada originalmente por el zar ruso Nicolás II.

con una toalla no es tan cómodo como en playas arenosas. Una esterilla plegable será la mejor aliada, aparte de una tumbona en una playa privada. También es indispensable un buen par de chanclas para proteger las plantas de los pies de rozaduras y quemaduras.

Las emblemáticas sillas azules

Una de las primeras cosas que llaman la atención en La Prom es la enorme colección de sillas metálicas azules, dispuestas en largas hileras que invitan al relax, atadas en grupos de 20 para evitar robos. Son perfectas para observar a la gente: algunas están orientadas a la playa, otras al paseo marítimo, donde ciclistas y patinadores pasan veloces entre el flujo constante de peatones.

En invierno, encontrar un asiento es fácil; en verano, hay que tener suerte. La Galerie ArtNice de Vieux Nice (p. 56) vende estas sillas azules en miniatura.

Ecos del pasado

El primer casino apareció en Promenade des Anglais en 1867, pero hasta 1891 no abrió sus puertas el más espectacular de la ciudad. El impresionante **casino de la Jetée-Promenade,** flanqueado por torretas, coronado por una cúpula bulbosa y construido sobre un gran muelle de madera, personificó el encanto costero del paseo durante medio siglo, hasta que las tropas alemanas lo destruyeron al final de la II Guerra Mundial.

En el Musée Masséna (p. 66) se muestran fotos del casino en todo su esplendor, y desde el Palais de la Méditerranée (p. 69) se puede evocar su recuerdo mirando al mar hacia el punto donde se alzaba.

En este tramo de La Prom fue detenido el terrorista tunecino que, durante la celebración de la Fiesta Nacional del 2016, se lanzó contra la multitud al volante de un camión de carga. En el aniversario del atentado, los habitantes de Niza depositan flores y sueltan globos en recuerdo de las víctimas.

Las mejores experiencias

Viajar en el tiempo en el Musée Masséna

Construida como residencia de vacaciones del príncipe Victor d'Essling (nieto del mariscal Masséna, uno de los generales favoritos de Napoleón), esta villa belle époque *es un icono arquitectónico. Construida entre 1898 y 1901 en estilo neoclásico italianizante, hoy es un museo dedicado a la historia de la Riviera, desde las visitas de monarcas y los expatriados estadounidenses hasta el auge del turismo y el carnaval.*

PLANO P. 72, B5

nice.fr/fr/culture/musees-et-galeries/musee-massena-le-musee

La villa y los jardines

Al entrar en el recinto desde Promenade des Anglais sorprende la grandiosidad de los jardines, adornados con palmeras, parterres y céspedes. La villa fue construida por el arquitecto danés Hans-Georg Tersling (1857-1920), responsable de otros notables edificios de la *belle époque.* El tique se compra en la portería con tejado de mansarda de la parte trasera de la finca (cerca de Rue de France) y luego se accede a la planta baja del edificio principal de finales del s. XIX, donde varias salas originales conservan el aspecto aristocrático de la villa.

De Napoleón a Garibaldi

Una amplia escalera de mármol con barandilla de forja conduce al 1er piso, donde se exhibe un impresionante retrato del hijo de Niza, Giuseppe Garibaldi, con su característica camisa roja, y varios objetos relacionados con Napoleón, que visitó la ciudad en varias ocasiones. Destacan la máscara mortuoria del emperador, la elegante capa bordada de la emperatriz Josefina y una tiara de nácar adornada con oro y piedras preciosas.

Historia de la 'belle époque' y orígenes del carnaval

Lo más destacado del museo es el conjunto de salas del piso superior dedicadas a la Niza de la *belle époque.* Carteles antiguos del carnaval, anuncios ensalzando el benigno clima y menús de cenas de hotel de 10 platos transmiten el espíritu de la época. Especialmente cautivadoras son las imágenes —fotos del s. XIX en tonos sepia, un cuadro y una detallada maqueta— del casino de la Jetée-Promenade, el impresionante casino con cúpula que dominó largo tiempo la Prom, antes de ser arrasado por las fuerzas alemanas durante la II Guerra Mundial.

★ Consejos

- En lugar de comprar la entrada (10 €), se puede adquirir el Pass Musées 4 Jours, un abono de cuatro días que da acceso a todos los museos y galerías municipales (incluido el Museo Matisse), y solo cuesta 5 € más.
- ¿Por qué los ingleses llaman Riviera a este litoral y los franceses Costa Azul? El término francés "Côte d'Azur" fue acuñado en 1887 por el escritor Stéphen Liégeard; aquí se expone un ejemplar original de su libro del mismo título.

✕ Una pausa

Para disfrutar de un perfecto bistró francés, La Femme du Boulanger (p. 74), de ambiente rústico, está 5 min al este en un coqueto callejón.

Para tomar una copa e impregnarse de la historia viva, nada mejor que el elegante bar del centenario Hôtel Negresco (p. 74), al lado.

Circuito a pie

Pasear por La Prom

Ninguna experiencia en la Costa Azul es comparable a recorrer el paseo marítimo de Niza. Elegantes hoteles y villas rodeados de palmeras son testigos de las generaciones de visitantes que se han enamorado del lugar. En verano, las playas públicas y privadas se llenan de amantes del sol de todas las edades y procedencias; incluso en invierno, este emblemático paseo es el epicentro de la ciudad.

Datos

Inicio Hôtel Negresco

Final Vieux Nice

Distancia 1,5 km; 1 h

❶ Bahía de los Ángeles

El paseo comienza en el lujoso **Hôtel Negresco** (p. 74), cuya característica cúpula rosa personifica el esplendor de la *belle époque.* Tras asomarse a los cuidados jardines de la **Villa Masséna** (p. 66), del s. XIX, se cruza hacia el lado marítimo del paseo. Al frente se extiende la magnífica **Baie des Anges,** la bahía de los Ángeles, llamada así, según la leyenda, por los ángeles que transportaron a la patrona de Niza, santa Reparata, por el Mediterráneo tras su martirio en Palestina en el s. III.

❷ Playas privadas

Este tramo de paseo marítimo comprende playas privadas, cada una con sus tumbonas y sombrillas de alquiler, y muchas con restaurantes exclusivos. Un corto paseo por La Prom conduce a la primera de ellas, **Blue Beach** (bluebeach.fr). Otras playas de este itinerario son **Sporting Plage** (sportingplage.com) y **Ruhl Plage** (ruhl-plage.com).

❸ L'Ange de la Baie

Frente al **Palais de la Méditerranée** (lepalaisdelamediterranee.com), un hotel de finales de la década de 1920, famoso por su fachada *art déco,* L'Ange de la Baie se erigió en el 2022 como sobrio monumento en memoria de quienes perdieron la vida el 14 de julio del 2016, en el atentado terrorista. Los 86 nombres de las víctimas están escritos en forma de corazón en la base de la sencilla escultura de un ángel que asciende al cielo.

❹ Plage du Centenaire

Bajando unos 200 m, a la derecha se encuentra la **Plage du Centenaire,** una de las playas públicas de Niza y de las pocas de Francia adaptadas para silla de ruedas, con rampas que cruzan hasta el mar, duchas y aparcamientos accesibles y sillas de ruedas flotantes para bañarse.

❺ La Chaise Bleue de SAB

Si se continúa hacia el este por el paseo marítimo, dejando a la izquierda el frondoso Jardin Albert 1er, pronto se tropieza con la escultura de una gigantesca silla azul suspendida en el aire, *La Chaise Bleue de SAB,* de la artista Sabine Géraudie; marca el extremo oriental de Promenade des Anglais y es un homenaje a las sillas azules que lo bordean, un símbolo de Niza.

❻ Al este de Vieux Nice

Para descubrir 1 km más de playa, hay que seguir hacia el este de Vieux Nice por el **Quai des États-Unis** (prolongación del paseo marítimo oficial).

Circuito a pie

La ciudad nueva para familias

Al norte de Vieux Nice y de la playa, en la ciudad nueva de Niza proliferan los espacios públicos peatonales diseñados para el encuentro comunitario y la diversión familiar. Todo gira en torno a Place Masséna, la gran plaza central, que se abre a una zona comercial sin tráfico y a un par de parques verdes muy acogedores.

Datos

Inicio Place Masséna

Final La Ronronnerie

Distancia 3 km; 1,5 h

1 Place Masséna

El centro neurálgico de Niza es esta inmensa plaza adornada con coloridos edificios del s. XIX y fran- as a cuadros blancos y negros que sirven a los niños para jugar a la ra- yuela. También es el escenario del **carnaval** (p. 77). Todos los años, en los días previos a la Cuaresma, marionetas gigantes y carrozas adornadas con flores desfilan por a plaza mientras juerguistas de todas las edades llenan las gradas, anticipando la tradicional quema del rey del carnaval.

2 Le Carré d'Or

Esta zona peatonal de varias manzanas es el centro comercial rbano, con tiendas de diseño y *outiques*. Aquí se puede comprar e todo, desde un móvil nuevo asta ropa a la última, y luego morzar o tomar algo en alguno e los cafés de las aceras. Cuando os niños se cansen, siempre habrá na heladería cerca.

3 Jardin Albert 1er

un paso de la playa, este céntrico verde espacio es uno de los luga- es festivos favoritos de los nizar- os, sobre todo en julio, cuando el estival de Jazz de Niza inaugura eis días de música en directo interrumpida en dos escenarios, en invierno, cuando se instala noria gigante. En diciembre, espacio se transforma en un miliar Marché de Noël (mercado avideño), con casetas de churros vino caliente, pista de patinaje obre hielo y visitas al Père Noël.

4 Promenade du Paillon

El río Paillon atravesaba antiguamente Niza, pero fue quedando sepultado por la expansión urbana, que incluye la monstruosa estación de autobuses y el aparcamiento. En el 2013, la ciudad sustituyó el hormigón por este hermoso parque de 1 km donde los niños se divierten jugando con chorros de agua y trepando por las estructuras del pulpo y la ballena. Hoy se trabaja para ampliar este Coulée Verte (corredor verde).

5 Maman les P'tits Bateaux

En una ciudad llena de cafeterías estrechas y terrazas abarrotadas, este acogedor **'café poussette'** (café para cochecitos; cafe-pous sette-nice.jimdofree.com) es un oasis para las familias con sillitas. Todos los miércoles y sábados a las 10.00, el local se llena para el espectáculo de marionetas (7 € por niño) en francés, aunque los cantos y las risas son universales.

6 La Ronronnerie

Cafetería de barrio donde uno se encuentra rodeado de mininos. **La Ronronnerie** (p. 78) provista de soportes con cojines y grandes perchas en forma de ramas de árbol, anima a acariciar a los gatitos, pero ruega a los más jóvenes que no los "golpeen como juguetes". Un feliz lugar de reunión familiar, con una oferta de delicias dulces y saladas.

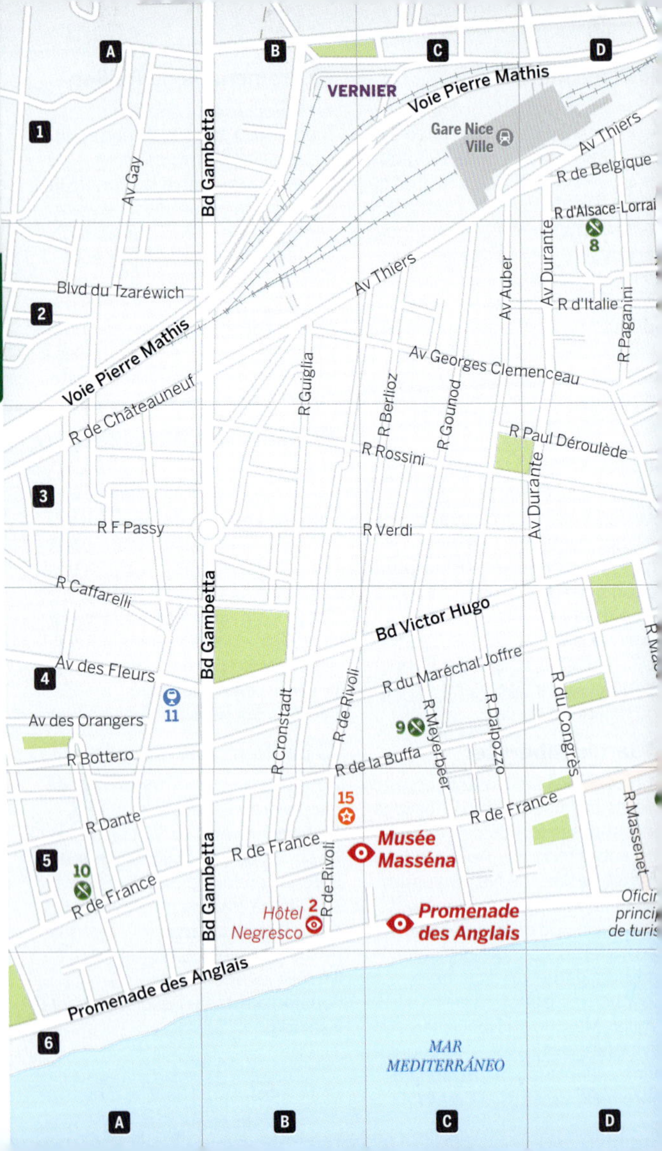
A
B
C
D
1
2
3
4
5
6
VERNIER
Voie Pierre Mathis
Gare Nice Ville
Av Thiers
R de Belgique
R d'Alsace-Lorrai
8
Av Gay
Bd Gambetta
Blvd du Tzaréwich
Voie Pierre Mathis
R de Châteauneuf
Av Thiers
Av Auber
Av Durante
R d'Italie
R Paganini
Av Georges Clemenceau
R Guiglia
R Berlioz
R Gounod
R Paul Déroulède
R Rossini
Av Durante
R F Passy
R Verdi
R Caffarelli
Bd Gambetta
Bd Victor Hugo
R Mac
Av des Fleurs
11
R du Maréchal Joffre
Av des Orangers
R Cronstadt
R de Rivoli
R Meyerbeer
R Dalpozzo
R du Congrès
9
R Bottero
R de la Buffa
15
R de France
R Massenet
R Dante
R de France
Musée Masséna
10
R de France
Bd Gambetta
R de Rivoli
Hôtel Negresco 2
Promenade des Anglais
Oficir princi de turis
Promenade des Anglais
MAR MEDITERRÁNEO

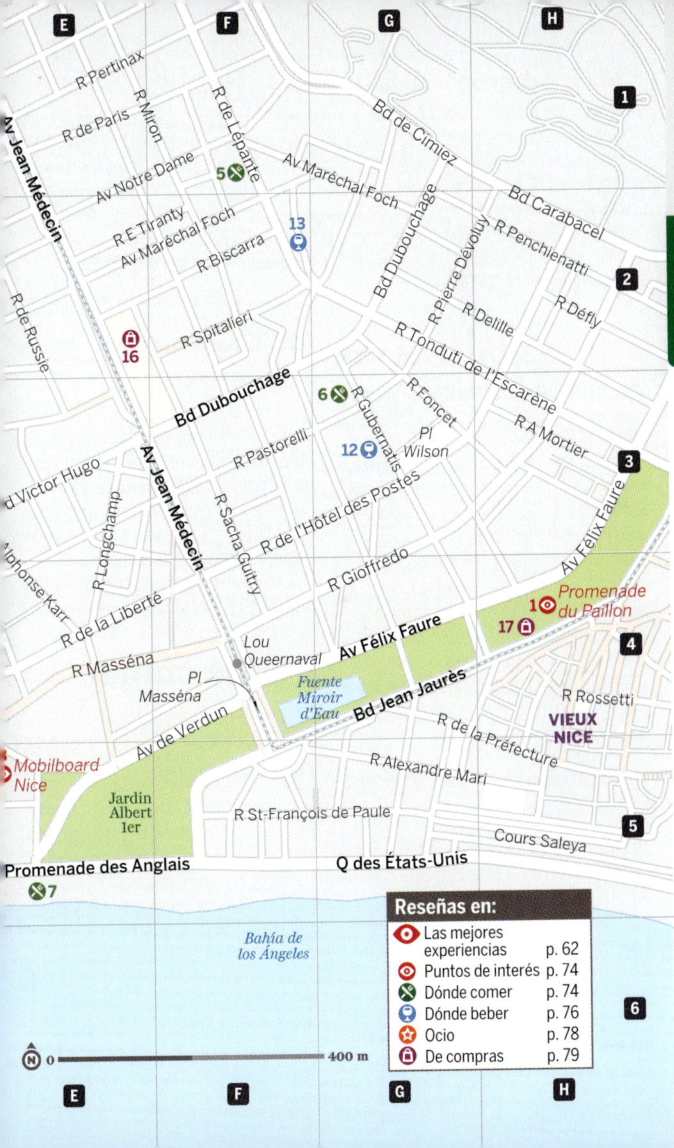
E
F
G
H
1
2
3
4
5
6
R Pertinax
R de Paris
R Miron
R de Lépante
Av Jean Médecin
Av Notre Dame
5
Av Maréchal Foch
Bd de Cimiez
Bd Carabacel
R E Tiranty
Av Maréchal Foch
13
R Biscarra
Bd Dubouchage
R Pierre Dévoluy
R Penchienatti
R Défly
R de Russie
16
R Spitalieri
R Delille
R Tonduti de l'Escarène
Bd Dubouchage
6
R Gubernatis
R Foncet
Pl Wilson
R A Mortier
12
R Pastorelli
d Victor Hugo
R Longchamp
Av Jean Médecin
R Sacha Guitry
R de l'Hôtel des Postes
Av Félix Faure
lphonse Karr
R Gioffredo
Promenade du Paillon
17
R de la Liberté
Lou Queernaval
Av Félix Faure
R Masséna
Pl Masséna
Fuente Miroir d'Eau
Bd Jean Jaurès
R Rossetti
VIEUX NICE
Av de Verdun
R de la Préfecture
Mobilboard Nice
R Alexandre Mari
Jardin Albert 1er
R St-François de Paule
Cours Saleya
Promenade des Anglais
Q des États-Unis
7
Bahía de los Ángeles
Reseñas en:
Las mejores experiencias p. 62
Puntos de interés p. 74
Dónde comer p. 74
Dónde beber p. 76
Ocio p. 78
De compras p. 79
N
0
400 m

Niza, Patrimonio de la Unesco

Antes de que la Costa Azul se convirtiera en destino veraniego predilecto, esta franja del litoral mediterráneo era el refugio invernal de miembros de la realeza, políticos, aristócratas y artistas de Gran Bretaña, el norte de Europa y Rusia. El rico legado de esta temporada alta invernal (entre 1760 y 1940) logró que, en el 2021, 522 Ha y unos 800 edificios de la ciudad fueran declarados Patrimonio Mundial por la Unesco, y Niza fuera nombrada Ciudad de Vacaciones de Invierno de la Riviera.

Puntos de interés

Promenade du Paillon JARDINES

1 PLANO P. 72, H4

Resulta difícil imaginar que este bello parque ajardinado fuera una estación de autobuses, un aparcamiento de varios pisos y una descuidada plaza. Se despliega desde la plaza Masséna hacia el MAMAC (y las obras siguen avanzando) con una sucesión de espacios verdes, zonas de juego y fuentes, y se ha convertido en uno de los favoritos de los nizardos para pasear.

Hôtel Negresco EDIFICIO HISTÓRICO

2 PLANO P. 72, B5

Un edificio emblemático de la ciudad con vistas a Promenade des Anglais, construido en 1912 por el hotelero rumano Henri Negresco. La cúpula rosa y la fastuosa fachada son imágenes clásicas, ideales para sacar una buena fotografía, pero para alojarse aquí hay que contar con un generoso presupuesto. (hotel-negresco-nice.com)

Mobilboard Nice DEPORTES

3 PLANO P. 72, E5

Para recorrer sin esfuerzo La Prom y más allá, se puede tomar un *segway*. Todos los recorridos incluyen una iniciación a la conducción de este vehículo de dos ruedas impulsado por baterías, un casco y una audioguía si se solicita.

La misma agencia también alquila bicicletas y patinetes. (mobilboard.com/nice-promenade)

Dónde comer

La Femme du Boulanger BISTRÓ €€

4 PLANO P. 72, D5

Esta joya con terraza en un callejón es un auténtico bistró francés. El desayuno y el *brunch* (menú 25 €) son sublimes, con pan fresco (incluso sin gluten), conservas caseras y más. Los platos principales del almuerzo y la cena, como el pato *à l'orange* o el jarrete de cordero glaseado con miel y vinagre balsámico, van seguidos de *clafoutis* de frambuesa y otros postres deliciosos. La especialidad de la casa son los tartines con pan casero al horno de leña. (instagram.com/lafemmeduboulanger06)

Mama Baker

PANADERÍA **€**

5 PLANO P. 72, F1

En Francia abundan las grandes panaderías, pero también destacan las artesanales y creativas. Es el caso de Mama Baker, donde se utilizan cereales ecológicos e ingredientes especiales para una gran variedad de exquisiteces únicas.

Se recomienda probar las deliciosas *bouchées aux olives,* suaves y crujientes bocaditos de masa de queso con aceitunas; o la *pompe à l'huile,* un panecillo semidulce al aceite de oliva aromatizado con flor de azahar. (instagram.com/mamabakernice)

Flaveur

GASTRONÓMICO **€€€**

6 PLANO P. 72, G3

Dirigido por los hermanos Gaël y Mickaël Tourteau, este pequeño restaurante tiene grandes ambiciones culinarias (y dos estrellas Michelin, el más galardonado de Niza). En un comedor zen con telas atrevidas y bandejas de madera artísticamente dispuestas en las paredes, es un templo de la alta cocina, con platos aderezados con espumas, cremas, reducciones y nieves, presentados con la precisión de las piezas de museo.

Para una experiencia gastronómica completa, se recomienda el menú degustación de nueve platos (265 €). La mayoría de los productos procede de granjas de permacultura cercanas, y el

Batailles de Fleurs, Carnaval (p. 77).

pescado, de pesca artesanal. (restaurant-flaveur.com)

Le Galet

MEDITERRÁNEA €€

7 PLANO P. 72, E5

Llamado así por los incómodos *galets* (guijarros) de las playas nizardas, la única incomodidad de este luminoso restaurante de playa serán los kilos de más tras un plato descomunal de pasta fresca y un postre a la altura. Los precios son más que razonables, dada su ubicación en la orilla. (galet-plage.com)

Voyageur Nissart

BISTRÓ €

8 PLANO P. 72, D2

Este bistró de manteles a cuadros, que elabora los favoritos tradicionales desde 1908, es predecible y rutinario, pero la cocina es buena y, además, le añaden una sonrisa. Tres menús de precio fijo permiten probar todos los clásicos, desde *petits farcis* (verduras rellenas) hasta *daube niçoise* (estofado de ternera) o tarta de limón. (voyageur-nissart-nice.fr)

Le Canon

FRANCESA €€

9 PLANO P. 72, C4

Elmahdi Mobarik y Sébastien Perinetti elevan la cocina local a otro nivel en este acogedor bistró de barrio. En el menú de pizarra, que cambia a diario, se menciona el nombre de cada agricultor y los platos, creativos y bien presentados, se acompañan de una excelente selección de vinos ecológicos.

Con solo dos personas al frente, el servicio es algo lento, pero la calidad lo compensa. (lecanon.fr)

Le Chantecler

GASTRONÓMICO €€€

En un suntuoso comedor de estilo regencia, el restaurante con una estrella Michelin del Hôtel Negresco (véase 2 plano p. 72, B5) es una experiencia única. Dirigido por la chef Virgine Basselot, la segunda mujer en recibir el título de Meilleur Ouvrier de France, cada delicado plato va acompañado de la historia de su procedencia, siempre local. Imprescindible reservar. (hotel-negresco-nice.com)

Boulangerie roy Le Capitole

PANADERÍA €

10 PLANO P. 72, A5

Frédéric Roy es el panadero del barrio convertido en cruzado de los cruasanes, con la misión de frenar la dependencia del país de la bollería precocinada. Sus cruasanes de mantequilla son un amoroso trabajo de tres días. Merece la pena hacer cola para probar los cruasanes de lavanda, hechos con lavanda del interior de la Costa Azul; fijándose, se distingue el tono púrpura. (instagram.com/fredericroyboulangernice)

Dónde beber

Hôtel Amour

COCTELERÍA

11 PLANO P. 72, A4

Este ecléctico hotel-bar-restaurante del barrio de Fleurs, algo alejado del centro, triunfa entre los más

Carnaval de Niza

El exuberante carnaval de Niza se remonta a la Edad Media, pero sus dos tradiciones más arraigadas (los desfiles de figuras de cartón piedra y las carrozas de flores) datan de la *belle époque*, cuando la ciudad sedujo a la gente acomodada del norte con su benigno clima invernal y diversiones frívolas.

'Corsos' (desfiles de carnaval)

Los *corsos* nocturnos, que comienzan y terminan en la plaza Masséna, son lo más característico. El tema, que cambia cada año, se refleja en los trajes de los gigantescos reyes de cartón piedra y en la docena de carrozas que desfilan (de 12 x 3 m y hasta 20 m de alto), con un armazón de 2 toneladas recubierto de cartón piedra, pintura, mecanismos hidráulicos e iluminación. Acróbatas, zancudos y bailarines con vistosos atavíos contribuyen al ambiente festivo y familiar.

Batailles de Fleurs (concursos florales)

Los coloridos desfiles diurnos conocidos como Batailles de Fleurs surgieron en 1876, cuando las familias de la alta sociedad decidieron decorar sus carruajes con elegantes motivos florales y competir entre ellas por los estandartes de seda. Las jóvenes que viajaban en ellos arrojaban a la multitud flores cultivadas en la región, lo que contribuía a promocionar el clima templado de la Costa Azul. En las "batallas" actuales, mujeres espléndidamente vestidas lanzan ramos de claveles, lirios y mimosas. Después, es un placer pasear por las calles entre las familias cargadas de ramos de flores.

Incinération du Roi (quema del rey)

Desde sus orígenes, las fiestas se despiden con la ceremonia de la quema del rey del carnaval, al principio al aire libre en el Mediterráneo y, más recientemente, en Place Masséna. Para los nizardos, el momento más emotivo de la noche es el tradicional canto *a capella* de "Nissa la Bella", el himno de Niza.

Planificación

El carnaval de Niza dura 17 días a finales de febrero, con independencia de cuándo caiga el Miércoles de Ceniza. Hay dos tipos de entradas: *tribune* (asientos en las gradas) y la entrada general más barata para estar en la calle, cerca de las carrozas. Para conseguir una entrada general gratis, hay que ir disfrazado. Los asientos de tribuna se agotan rápido; hay que reservar con antelación en nicecarnaval.com.

modernos de Niza. El patio interior, con una iluminación tenue, es ideal para veladas íntimas de pareja, aunque las noches del fin de semana hay DJ. Los cócteles son temáticos, con nombres como Romeo, Juliette, Bonnie y Clyde. (hotelamournice.fr)

La Part des Anges

BAR DE VINOS

12 PLANO P. 72, G3

Este elegante bar y tienda de vinos se centra en los vinos ecológicos; algunos se venden por copas, pero los mejores se sirven en botella, con *tapenades* caseras y embutidos.

El nombre significa "la parte de los ángeles" por la cantidad de alcohol que se evapora cuando los vinos envejecen. Hay muy pocas mesas, así que conviene ir temprano o reservar. (lapartdesanges-nice.com)

La Ronronnerie

CAFÉ

13 PLANO P. 72, F2

Los gatos son los amos de este singular café donde cuatro felinos deambulan entre las mesas, buscando el regazo adecuado para acomodarse, estirándose en los soportes de felpa o trepando por la rama del árbol sobre las mesas.

Mientras tanto, los humanos consumen bebidas calientes, rosquillas y pasteles. Todo está limpísimo. (instagram.com/laronronnerie)

Ocio

La Cave Romagnan

MÚSICA EN DIRECTO

14 PLANO P. 72, D2

Entre semana, este local chapado a la antigua es un lugar de reunión vecinal para tomar vino y charlar. Lo más destacado son las veladas de *jazz* en directo los sábados por la noche. (caveromagnan.free.fr)

La comunidad LGTBIQ+ de Niza

La Costa Azul es conocida como un destino turístico seguro y agradable, con Niza en el centro, y la comunidad LGTBIQ+ sigue creciendo. Todo el año hay algo que ver y hacer: en verano, se celebran eventos al aire libre como las fiestas Dolly y el **Desfile Rosa (Orgullo).** En invierno, el **Lou Queernaval** (p. 27) se celebra junto al carnaval de Niza. La Costa Azul cubre un amplio abanico de intereses: actividades al aire libre, contactos internacionales, compras de lujo, clubes nocturnos, saunas, cabarés y bares.

Por Jameson Farn. *Jameson dirige el blog de viajes LGTBIQ+ Gay French Riviera (gayfrenchriviera.com). @jameson.farn*

BELLENA/SHUTTERSTOCK ©

Nice Étoile.

Cinéma Rialto
CINE

15 PLANO P. 72, B5

Películas sin doblar, con subtítulos en francés y un maravilloso ambiente anticuado. (cinemarialto.fr)

De compras

Nice Étoile
CENTRO COMERCIAL

16 PLANO P. 72, E2

Este enorme centro comercial ocupa una manzana y alberga las habituales franquicias de moda salpicadas de algunas tiendas estupendas, como **La Boulisterie** (laboulisterie.com/boutiques), una *concept store* de moda *hipster* y bolas de petanca. (nicetoile.com)

Le Gôut de Nice
OBSEQUIOS Y RECUERDOS

17 PLANO P. 72, H4

Hay *maisons de pays* (tiendas de productos locales) por toda la campiña francesa, pero esta es la primera que abre en el centro urbano. Un auténtico emporio de artículos de manufactura local, desde la denominación de origen del vino de Niza, Bellet AOC, hasta cervezas artesanas y bonitos recuerdos. Hay otra más pequeña en la planta baja de Nice Étoile. (legoutdenice.fr)

Explorar

Cimiez, Libération y Vernier

El tranquilo barrio de Cimiez, en la falda de una colina, alberga dos de los mejores museos de arte de Niza y extensas ruinas romanas. Al pie del monte, Libération y Vernier son barrios familiares donde un animado mercado y una estación de trenes, convertidos en centros culturales y gastronómicos, regalan color local.

Lo esencial

- ***Musée Matisse (p. 82)*** *Descubrir el arte del pintor y detectar la influencia de Niza en su obra.*
- ***Marché de la Libération (p. 95)*** *Tomar el pulso al barrio en el mercado diario y los cafés.*
- ***Musée National Marc Chagall (p. 84)*** *Sumergirse en el mayor museo del mundo dedicado a su obra.*
- ***Brasserie Artisanale de Nice (p. 94)*** *Pequeña cervecería donde saborear la exclusiva cerveza nizarda de garbanzos.*
- ***Musée Archéologique de Nice-Cimiez (p. 91)*** *Escapar de las rutas turísticas entre las ruinas de las antiguas termas romanas.*

Cómo llegar y desplazarse

A Cimiez es mejor ir en autobús. Para otros destinos, cabe tomar el tranvía hasta Libération y caminar.

Línea 1: recorre de norte a sur Avenue Malausséna por el corazón de Libération y Vernier.

Varios autobuses Lignes d'Azur suben la colina hasta Cimiez; el nº 5 para en los museos Chagall y Matisse.

Plano de la zona en p. 90.

Monastère Notre Dame de Cimiez (p. 91). LUZIANA5588/SHUTTERSTOCK ©

Las mejores experiencias

Admirar el genio artístico en el Musée Matisse

En una villa roja de la parte alta, este museo de rinde homenaje a Henri Matisse (1869-1954). La amplia colección abarca siete décadas de su obra: pinturas, esculturas, collages de papel, dibujos, grabados y objetos personales. Para contextualizar las piezas, una cronología recorre la trayectoria vital del artista en Niza, donde pasó sus últimos 37 años.

PLANO P. 90, C2

musee-matisse-nice.org

Primeras obras

Para apreciar mejor la trayectoria artística de Matisse, conviene ver sus primeros trabajos, de tonos sombríos, realizados durante su etapa de formación en la École des Beaux-Arts de París, cuando aún copiaba en el Louvre a los grandes maestros. Hay que destacar su primer óleo, *Naturaleza muerta con libros* (1890), un bodegón que representa una pila de tomos jurídicos, pintado cuando estudiaba Derecho con 20 años (su firma se lee escrita al revés en la esquina inferior).

Matisse y Niza: un romance

Matisse llegó a Niza en diciembre de 1917 para recuperarse de una bronquitis. En su primer mes llovió a cántaros, por lo que se limitó a pintar bodegones de objetos cotidianos, pero, cuando salió el sol, se enamoró de la luz mediterránea y convirtió Niza en su residencia permanente. El museo se centra, en gran medida, en los años de Matisse en Niza, con obras como *La odalisca de la caja roja,* pintada en su estudio con vistas a los mercados de Cours Saleya, y *Tempestad en Niza,* que representa palmeras azotadas por el vendaval en Promenade des Anglais.

'Collages' de papel

El museo exhibe una extraordinaria colección de *gouaches découpés* (recortes de papel) que Matisse comenzó a crear en 1941 tras serle diagnosticado un cáncer. Destaca *Bailarina criolla,* un brillante *collage* de 1950 que representa una bailarina ataviada con un traje carnavalesco, y el exuberante *Flores y frutas* (1952-1953), creado originalmente en su estudio de Le Régina, al otro lado de la calle, y objeto de una delicada restauración en los dos últimos años.

★ Consejos

- Es mejor evitar la colina de Cimiez los martes, pues el museo está cerrado.
- Para contemplar la villa de Matisse por fuera, se puede visitar el contiguo Museo Arqueológico; la entrada es gratuita con la del Musée Matisse.
- Mientras se espera el autobús para bajar la colina, se recomienda visitar Le Régina, el fabuloso palacio *belle époque* que habitaron la reina Victoria y Matisse; en el nº 71 de Boulevard de Cimiez, junto a la parada de autobús.

Una pausa

Cerca del Museo Matisse no hay mucha oferta gastronómica, salvo el Kiosque Jardin des Arènes (p. 93), al otro lado del parque. Sus tentempiés, ensaladas y postres son muy caros, pero calman el apetito.

Las mejores experiencias

Fantasear en el Musée National Marc Chagall

Este museo nacional alberga la colección pública más amplia del mundo dedicada a la extraña, onírica y a menudo inquietante obra del maestro bielorruso (1887-1985). La extensa colección abarca toda la carrera de Chagall, desde sus inicios en San Petersburgo hasta sus últimos años en la Costa Azul.

PLANO P. 90, D4

musee-chagall.fr

Primeras obras y auditorio

La galería situada a la izquierda de la entrada principal se centra en los primeros trabajos de Chagall, incluido su *Autorretrato en verde* (1914) y varias piezas con temas que van desde el circo hasta la ciudad natal del artista, Vitebsk. A continuación hay una sala de conciertos, cuyo escenario está flanqueado por vidrieras del artista en azules intensos desde el suelo hasta el techo.

Antiguo Testamento

El centro de la colección lo forman 12 monumentales lienzos con escenas del Antiguo Testamento, el Génesis y el Éxodo, pintados entre 1955 y 1968. De 2,5 m de alto y 3 de ancho, incluyen fascinantes representaciones de *La Creación del Hombre, Adán y Eva expulsados del Paraíso* y *Moisés recibiendo los 10 Mandamientos,* con los característicos colores vivos e imágenes oníricas de Chagall.

Otros trabajos

La mayor parte del museo está dedicada a las pinturas bíblicas de Chagall, con algunos trabajos en otros formatos, como mosaicos, esculturas y vidrieras.

En el extremo occidental hay una sala dedicada a *El Cantar de los Cantares,* una sensual serie de cinco pinturas sobre fondos rojos y rosas. La exposición se cierra con un mosaico gigante diseñado por Chagall para el museo en 1971. Suspendido sobre un estanque reflectante, representa al profeta Elías conducido al cielo en un carro de fuego, rodeado de los signos del zodiaco.

★ Consejos

- El Musée Chagall está gestionado por el Gobierno francés, por lo que la entrada no está incluida en el pase de museos de Niza.
- Se recomienda ver las impresionantes vidrieras del auditorio.
- Consúltense los horarios de proyección del interesante documental con entrevistas a Chagall.
- La Opéra de Nice, la Orquesta Filarmónica y otros prestigiosos grupos musicales ofrecen conciertos ocasionales.

Una pausa

Frente a la entrada del museo, el **Café du Musée** sirve aperitivos y comidas ligeras.

Au Petit Libanais (p. 93) se encuentra 10 min al oeste y ofrece comida libanesa a buen precio.

Explorar la colina de Cimiez

A 3 km de la costa mediterránea, el montuno barrio de Cimiez fue la antigua fortaleza romana de Cemenelum. Con el tiempo, Cimiez se convirtió en un elegante barrio residencial de villas y refinados refugios, donde la reina Victoria y su séquito pasaban los inviernos en la década de 1890 y Matisse tuvo su última casa y estudio. Este paseo recorre lo más destacado.

Datos

Inicio Musée Matisse

Final Le Régina

Duración 1,5 km; 1 h

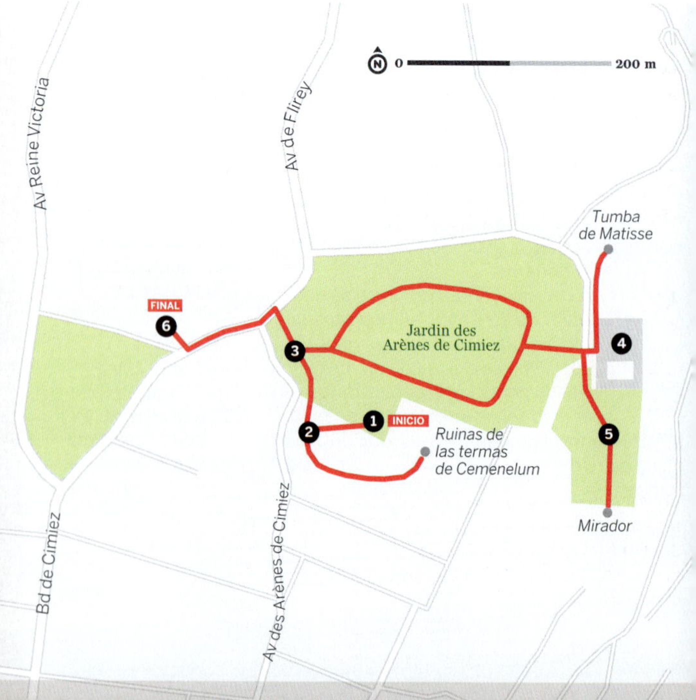

❶ Musée Matisse

El paseo comienza frente al **Musée Matisse** (p. 82), en el hermoso **Palais de Gubernatis,** una villa de estilo genovés de 1685. Al contemplar las paredes de color rojo óxido y los postigos verde ocre, hay que reparar en los ornamentados marcos de piedra de las ventanas, trampantojos pintados sobre el yeso.

❷ Termas romanas

Unos pasos al suroeste conducen al **Musée Archéologique de Nice-Cimiez** (p. 91). Atravesando su vestíbulo se llega al jardín trasero (acceso gratis con la entrada del Musée Matisse). Este es el corazón de la antigua Cemenelum, la ciudad romana de los ss. I a IV cuyo actual nombre es Cimiez. Hacia el este, entre los escombros se disfruta de unas soberbias vistas del Museo Matisse y las ruinas de las termas de Cemenelum, con muros arqueados de piedra blanca con franjas de ladrillo rojo.

❸ Olivares y ruinas antiguas

Si se retrocede por la entrada del museo y se continúa al norte, se alcanzan los fantasmagóricos restos de **Les Arènes** (p. 91), el anfiteatro de Cemenelum, de 5000 localidades. Las ruinas sirven de telón de fondo a los jugadores de petanca de las pistas anexas. Se impone pasear hacia el este por el **Jardin des Arènes de Cimiez,** un precioso y verde parque con olivos centenarios ideal para un pícnic.

❹ Monasterio de Notre Dame de Cimiez

Al otro lado de la carretera se encuentra el **Monastère Notre Dame de Cimiez** (p. 91), con una iglesia del s. XV rodeada de bellos jardines. Se gira a la izquierda y se atraviesa la verja del cementerio para seguir las señales a la izquierda y descender hasta la **tumba de Matisse,** una lápida plana sin adornos, alejada de la inclinación del artista por las líneas caprichosas y los colores vivos.

❺ Jardin du Monastère

De nuevo frente a la iglesia, se atraviesa el jardín del monasterio hacia el sur hasta un **mirador** con preciosas perspectivas de Niza y el Mediterráneo a lo lejos.

❻ Le Régina

Desde aquí, se retrocede a través de los olivos y se sale del parque por Boulevard de Cimiez. Junto a la parada de autobús (donde se toma el nº 5 al Museo Nacional Marc Chagall), se puede contemplar **Le Régina** (p. 91), el monumental palacio convertido en edificio de apartamentos donde la reina Victoria pasaba el invierno en la década de 1890 y Matisse vivió medio siglo después.

Circuito a pie

Una mañana en Libération

Si se pregunta a los habitantes de Niza por sus barrios favoritos, Libération aparece inevitablemente en la lista. La línea de tranvía, que recorre la céntrica Avenue Malausséna, ha propiciado la afluencia de nuevos residentes y proyectos de urbanismo comunitario. Hoy es un próspero barrio familiar, con una vibrante mezcla étnica y religiosa, rebosante de vida callejera y edificios del s. XIX renovados.

Datos

Inicio Kiosque Chez Tintin

Final Gare du Sud

Distancia 1,5 km; 1 h

❶ Kiosque Chez Tintin

Los madrugadores empiezan la jornada en este coqueto **quiosco** (p. 92) junto al mercado al aire libre de Libération, donde toman un *café* (expreso) o un *noisette* (expreso con un toque de leche vaporizada). Tintin es también el lugar predilecto para comer *pan bagnat*, el bocadillo nizardo por excelencia, compuesto de atún, aceitunas, huevos duros y verduras variadas en un panecillo untado con aceite de oliva.

❷ Marché de la Libération

Después del mercado de alimentos de Cours Saleya, en Vieux Nice, este espacio al aire libre en torno a Place Général de Gaulle, en Libération, es el mayor **mercado** de productos frescos (p. 95) de Niza. Los vendedores exponen frutas, verduras, flores, miel, quesos y otros productos locales. Los puestos discurren paralelos a las vías del tranvía por dos o tres manzanas y por calles laterales como Clément Roassal.

❸ Cité Marchande Docks de la Riviera

Los vecinos del barrio se codean con el carnicero, el pescadero y el quesero mientras planifican su menú nocturno en este popular **mercado cubierto** (p. 95). La entrada es difícil de distinguir entre la colorida profusión de fruteros en la acera.

❹ Église Ste-Jeanne d'Arc

No hay que esperar las florituras barrocas de las iglesias de Vieux Nice: esta **iglesia** blanca y abovedada (p. 91) es tan singular como futurista era cuando se construyó hace casi un siglo. El exterior se puede admirar desde todos los ángulos, pero hay que dedicar también tiempo a su interior.

❺ Brasserie Artisanale de Nice

Para vivir una experiencia auténtica en Libération, no hay más que visitar esta entrañable **nanocervecería** (p. 94), famosa por su cerveza Zytha, elaborada con garbanzos. La pasión de su propietario, Oliver Cautain, es palpable al describir su práctico enfoque artesanal: comprar materias primas locales y hacer todo a mano, desde moler la malta hasta pegar las etiquetas de las botellas. Para catar las cervezas, hay que planificar con antelación, pues el horario es limitado.

❻ Gare du Sud

Inaugurada en 1892, la antigua **estación de ferrocarril** de Libération (p. 91) albergó trenes de vía estrecha entre palmeras hacia los Alpes durante casi un siglo. Casi arrasada en favor de los bloques de apartamentos de los años noventa, ahora es un monumento histórico nacional que alberga el reluciente **centro comunitario** del barrio, con biblioteca, cine y muchos cafés y restaurantes en una animada zona de restauración.

Jardin des Arènes de Cimiez
Av Reine Victoria
Bd de Cimiez
Av de Flirey
Av des Arènes de Cimiez
Le Régina 3
Les Arènes 5
Monastère Notre Dame de Cimiez 1
12 Jardin des Arènes de Cimiez
Musée Matisse
Jardin du Monastère
2 Musée Archéologique de Nice-Cimiez
0 200 m
Véase ampliación "Jardin des Arènes de Cimiez"
Église Ste-Jeanne d'Arc 6
Av Raymond Comboul
Av Borrigilione
Jardin des Arènes de Cimiez (900m)
Bd de Cimiez
Pl du Général de Gaulle
21 R Fl Raiberti
8
Bd Joseph Garnier
19
9
18
Gare de Nice-CF de Provence
Les Petits Farcis
Av Villermont
4
7
Gare du Sud
Av Malausséna
16
10
Le 7 Villermont
LIBÉRATION
Av George V
Av Dr Ménard
Musée National Marc Chagall
Train des Pignes
15
14
11
R Marceau
R Vernier
17
20
13
VERNIER
Voie Pierre Mathis
CIMIEZ
R Trachel
Voie Pierre Mathis
Gare Nice Ville
Av Jean Médecin
0 400 m
Reseñas en:
Las mejores experiencias p. 82
Puntos de interés p. 91
Dónde comer p. 92
Dónde beber p. 93
De compras p. 95

Puntos de interés

Monastère Notre Dame de Cimiez

MONASTERIO

1 PLANO P. 90, D1

Los pintores Henri Matisse y Raoul Dufy están enterrados en el cementerio de este monasterio, a 5 min a pie atravesando el parque desde el Museo Matisse. Para llegar a la **tumba de Matisse,** hay que girar a la izquierda nada más cruzar la verja y recorrer los grandiosos panteones familiares hasta la parte baja, donde una lápida horizontal recuerda al artista y a su esposa Amélie. (stemariedesanges.free.fr)

Musée Archéologique de Nice-Cimiez

MUSEO

2 PLANO P. 90, C2

La amalgama de artefactos romanos de este museo arqueológico es algo aburrida, pero si se tiene un pase para los museos de Niza o se ha pagado para ver el Museo Matisse, merece la pena visitar el recinto, con preciosas vistas de la villa de Matisse y las termas romanas adjuntas, entre hileras de cipreses. (musee-archeologie-nice.org)

Le Régina

EDIFICIO HISTÓRICO

3 PLANO P. 90, B1

Este monumental edificio, que fue el palacio de invierno de la reina Victoria, se convirtió más tarde en apartamentos. En la década de 1940, Matisse vivió aquí, utilizando una dependencia como estudio y otra como vivienda, y aquí falleció en 1954. Se puede admirar el exterior mientras se espera el autobús que baja del Museo Matisse.

Gare du Sud

EDIFICIO HISTÓRICO

4 PLANO P. 90, A4

Esta antigua estación de trenes del s. XIX se construyó para cubrir el trayecto de Niza a los Alpes. Un siglo después, al ser sustituida por la cercana Gare de Provence, se vio amenazada de demolición, pero la comunidad intervino para salvarla. Ahora alberga una biblioteca, un cine multisala y una animada zona de restauración, que dan nueva vida a este prometedor barrio de Libération.

Les Arènes

RUINAS

5 PLANO P. 90, C2

Los escasos restos del anfiteatro romano de Niza no pueden compararse con otros yacimientos antiguos del sur de Francia, pero dan un toque evocador a este amplio parque y olivar situado frente al Musée Matisse.

Église Ste-Jeanne d'Arc

IGLESIA

6 PLANO P. 90, B3

Esta iglesia católica dedicada a Juana de Arco no se parece a ningún otro edificio de Niza, con cúpulas blancas apiladas, que hacen honor a su apodo de *la meringue.* Construida a finales de la década de 1920, los sutiles toques *art déco* delatan la época. El interior está profusamente decorado con frescos del artista ruso Eugène Klementieff.

Les Petits Farcis
COCINA

7 PLANO P. 90, B4

Además de dar clases en el mercado del Cours Saleya, Rosa Jackson, veterana escritora gastronómica y autora de libros de cocina, organiza visitas guiadas por el **Marché de la Libération,** el mercado de su barrio. Con las cestas repletas de productos frescos, el grupo sube al tranvía en dirección a su casa en Vieux Nice para preparar un festín y almorzar en la cocina. (petitsfarcis.com)

Dónde comer

Kiosque Chez Tintin
SÁNDWICHES €

8 PLANO P. 90, A4

Este pequeño y acogedor quiosco, toda una institución local, prepara algunos de los mejores *pan bagnat* de toda la ciudad: bocadillos de atún, huevo duro, aceitunas y verduras untados en aceite de oliva. Los nizardos no necesitan excusa para acudir aquí antes o después de visitar el cercano mercado de Libération. (facebook.com/kiosquetintin)

La Casa di Giulia
ITALIANA €

9 PLANO P. 90, B4

No hay que dejarse engañar por el ambiente informal de Giulia. Para sentarse a una de las mesas de cuadros rojos y blancos, hay que reservar con antelación. Con precios ajustados, un servicio amable, sabrosa pasta casera y el menú de la semana disponible anticipadamente, se llena en seguida, incluso fuera de temporada. Se trata de un sitio muy asequible para comer sentado. (facebook.com/lacasadigiulianice)

Experiencias locales

- **Jardin des Arènes** El parque de Cimiez es uno de los lugares favoritos de los residentes, donde los ancianos juegan a la petanca entre olivos y ruinas romanas y las familias acuden en tropel a las fiestas tradicionales, como el Festin des Cougourdons en marzo y Lu Festin de Nissa en mayo.

- **Mercados** Ideales para charlar con el carnicero y encontrar el queso preferido en el **mercado** cubierto de Libération (p. 95), o improvisar un pícnic en los puestos de fruta y verdura de las afueras de la ciudad.

- **Sitios para comer y beber** Se empieza el día con un café y un *pan bagnat* en el popular **Kiosque Chez Tintin,** y se disfruta de la puesta de sol con un cóctel y unas tapas en **Rooftop Monsigny.**

La Gauloise
BRASSERIE €€

10 PLANO P. 90, B4

Con mesas rojas y negras y ladrillos vistos, este alegre local en el corazón de Libération sirve comida italo-nizarda en un alegre ambiente. Los entrantes son *fritto misto* (fritura de marisco y verduras), seguido de sardinas a la plancha o *daube* (estofado de ternera a fuego lento) con ñoquis. Servicio afable y comida casera. (restaurant-lagauloise.fr)

Au Petit Libanais
LIBANESA €

11 PLANO P. 90, B5

Restaurante familiar libanés que es una deliciosa alternativa a la omnipresente comida francesa e italiana de Niza. Platos de carne marinada y a la parrilla (*kafta*, *shawarma*, etc.) acompañados de humus, *tabouleh*, *mutabal* (berenjena con yogur, *tahini*, ajo y limón) y otros, a precios muy asequibles. (aupetitlibanais.eatbu.com)

Kiosque Jardin des Arènes
SÁNDWICHES €

12 PLANO P. 90, C1

El único restaurante cercano al Musée Matisse es este humilde quiosco junto al parque, que sirve caros *paninis*, ensaladas y especialidades nizardas como *pan bagnat* (bocadillo de atún provenzal), *tourte de blette* (pastel de acelgas) y *pissaladière* (tarta de cebolla caramelizada), tarta de manzana o limón y gofres con Nutella y nata montada.

Pan bagnat.

Arlequin Gelati
HELADOS €

13 PLANO P. 90, B5

A 5 min a pie de la estación de tren de Niza Ville se encuentra esta fabulosa heladería, fundada por el maestro heladero milanés Roberto. Este local invita a elegir una bola de chocolate-naranja, avellana, pistacho, *pannacotta* o *spéculoos* con canela, acomodarse en una de las mesas de la acera de enfrente y ver la vida pasar. (arlequingelati.com)

Dónde beber

Rooftop Monsigny
BAR

14 PLANO P. 90, B5

Las vistas de 360° de Niza son el gran atractivo del bar de la azotea del Hôtel Monsigny. Copas de vino rosado, mojitos y batidos de fruta se disfrutan en los cómodos

Como los vecinos de Libération

Brasserie Le Gambetta (brasserielegambetta.fr) Restaurante emblemático en Place du Général de Gaulle que celebró su centenario en el 2023. Ideal para comer marisco y observar a la gente, con un buen servicio.

7 Villermont (le-7-villermont-restaurant-nice.eatbu.com) *Brasserie* familiar con una variada carta de clásicos franceses y locales, en una calle tranquila detrás de la línea del tranvía. Una gran opción para todo el año, popular entre vecinos y turistas por igual.

Nice Home (nicehome-deco.fr) Esta tienda vende de todo. Cuando se viaja con un presupuesto ajustado, es difícil encontrar las cosas que de repente se necesitan, pero aquí hay de todo.

Recomendado por Ewan Bird, *propietario de la tienda de vinos ecológicos Vin de Terre en Libération. Facebook @vindeterre*

sillones y sofás repartidos por la soleada terraza. Hay que reservar con antelación, sobre todo al atardecer, ya que el lugar se llena. (instagram.com/rooftopmonsigny)

Beer District — CERVECERÍA

15 PLANO P. 90, A5

Es uno de los locales nocturnos más modernos de Niza y ofrece una selección de 16 cervezas de barril y numerosísimas cervezas embotelladas del mundo entero. El ambiente es relajado y agradable, con degustaciones gratuitas y cacahuetes para picar. (instagram.com/beer_district_liberation)

Brasserie Artisanale de Nice — CERVECERÍA

16 PLANO P. 90, B4

Pueden probarse interesantes cervezas del sur de Francia en esta microcervecería de barrio, abierta varias horas a la semana. Se recomienda la emblemática Zytha, una cerveza local elaborada con garbanzos o la Blùna, con piel de naranja amarga y cilantro. (brasserie-nice.com)

Les Beaux Joueurs — BAR DE VINOS

17 PLANO P. 90, B5

Acogedora vinoteca de barrio con un plus: las estanterías repletas de los últimos y más populares juegos de mesa junto a las cajas de vinos naturales. Abrir una botella y jugar a los dados mientras se bebe es la opción perfecta para los días de lluvia en Niza, o llevarse una botella a casa para degustar más tarde. (instagram.com/lesbeauxjoueurs)

Tren panorámico al pie de los Alpes

El idílico interior montañoso de Niza está al alcance de la mano, y no hay forma más fácil y divertida de descubrirlo que en el pintoresco **Train des Pignes** (cpzou.fr). Este histórico ferrocarril de vía estrecha discurre por gargantas fluviales, atraviesa pueblos cimeros y se adentra en las escarpadas estribaciones de los Alpes, todo a un día de Niza. Sale de la **Gare de Nice-CF de Provence,** 5 min a pie al oeste de la parada de tranvía Libération.

Digne-les-Bains es la última estación, pero la línea aún no está plenamente operativa tras el descarrilamiento del 2014 y las estaciones entre St-André-les-Alpes y Digne-les-Bains continúan atendidas por un autobús de sustitución. El precioso pueblo medieval de **Entrevaux,** a solo 1½ h de Niza (21,40 €, ida y vuelta) es ideal para comer y pasear por el centro histórico y la ciudadela.

L'Altra Casa CAFÉ

18 PLANO P. 90, A4

El bar-cafetería de Libération para el café de la mañana y el aperitivo de la tarde está siempre animado, sobre todo si hace calor, cuando se despliegan las mesas en la gran plaza entre el mercado y la antigua estación de trenes. (facebook.com/laltracasa.nice)

De compras

Marché de la Libération MERCADO

19 PLANO P. 90, B4

Después del mercado de Cours Selaya, es la mayor exposición al aire libre de frutas y verduras frescas y una auténtica experiencia local. Cuando está a pleno ritmo, decenas de puestos ocupan varias manzanas de Avenue Malausséna, Place du Général de Gaulle, Place de la Gare du Sud, Rue Clément Roassal, Rue Veillon y Boulevard Joseph Garnier.

Bonta Italiane COMIDA Y BEBIDA

20 PLANO P. 90, B5

Charcutería para los nostálgicos de Italia que ofrece una amplia variedad de especialidades italianas, desde pasta fresca hasta *panettone, mozzarella* o mortadela, y una buena selección de vinos y aceites de oliva. (☎ 04 93 62 21 61)

Cité Marchande Docks de la Riviera COMIDA

21 PLANO P. 90, B4

Este mercado cubierto, en un edificio de ladrillo cerca del corazón de Libération, es uno de los más tradicionales de Niza. Una veintena de puestos venden carnes, pescados, quesos, embutidos y productos frescos.

L'EXPLORATION
LA CALANQUE
NI 4583

Explorar

Le Port-Garibaldi

No hay foto más mediterránea que el puerto de Niza con las barcas balanceándose, la fachada de columnas de Notre-Dame du Port y los Alpes al fondo. Este barrio es muy apreciado por su animada vida social, con numerosos restaurantes, bares y locales nocturnos en unas pocas manzanas.

Lo esencial

- ***Trans Côte d'Azur (p. 102)*** *Explorar la costa más famosa de Francia en un crucero a Villefranche-sur-Mer, Mónaco o Cannes.*
- ***Port Lympia (p. 101)*** *Pasear por el puerto de Niza, en especial al atardecer, cuando la luz inunda los edificios ocre que lo bordean.*
- ***Café Paulette (p. 103)*** *Una noche en Rue Bonaparte, en este animado café, bar de vinos y tapas.*
- ***Galerie Lympia (p. 101)*** *Descubrir las exposiciones de arte de vanguardia en la antigua cárcel del puerto.*
- ***Socca d'Or (p. 105)*** *Auténticas especialidades locales en un ambiente tranquilo.*

Cómo llegar y desplazarse

Los principales comercios, restaurantes y bares están a pocos pasos de Place Garibaldi o del puerto.

Línea 1 para en Place Garibaldi. La 2, en Garibaldi Le Château (debajo de Place Garibaldi) y Port Lympia (cerca de los muelles).

Muchos autobuses de Lignes d'Azur comunican la zona del puerto (nº 7, 15, 30, 33 y 57).

Plano de la zona en p. 100.

Port Lympia (p. 101). SVETLANASF/SHUTTERSTOCK ©

Circuito a pie

De la plaza Garibaldi al puerto y vuelta

Si se pregunta a un vecino qué define hoy el barrio portuario de Niza, señalará su ambiente bohemio: animados bares, tiendas originales y una vibrante comunidad gay. Pero también abundan los recuerdos del pasado, desde los almacenes de los mercaderes del s. XVIII hasta la antigua prisión de galeotes, hoy convertida en galería de arte.

Datos

Inicio Place Garibaldi

Final Rue Bonaparte

Distancia 4 km; 2 h

❶ Place Garibaldi

Rodeada de grandes palacios con dinteles en trampantojo, esta inmensa **plaza** del s. XVIII (p. 101) fue originalmente un patio de armas. Hoy es el alma del barrio, con restaurantes, cafés, un cine y dos paradas de tranvía. Durante las excavaciones se descubrieron ruinas que quizá se remonten a la antigua Nikaïa griega.

❷ Chez Fabienne Ambrosio

Esta **tienda** de menaje, regentada por la misma familia durante generaciones, vende sartenes para cocinar *socca,* la tortita de garbanzos tradicional. Su propietaria, Fabienne, muestra las fotos de su abuela, que abrió el local en 1935 y cuyas recetas de aceitunas *niçoise* y licor de naranja comparte con los clientes.

❸ Le Quartier des Antiquaires

Al aproximarse al puerto, más de 100 **tiendas de antigüedades** se agolpan en las callejuelas, sobre todo en Rue Antoine Gautier, Rue Catherine Ségurane y Rue Emmanuel Philibert. Frente al puerto, las antiguas casetas de pescadores acogen hoy los mercadillos de **Puces de Nice.**

❹ Lou Passagin

Es la oportunidad de viajar a bordo de un *pointu,* el barco pesquero tradicional de la Costa Azul. Este simpático **ferri** es historia marítima viva y puede pasear a cinco pasajeros por el puerto (gratis, solo may-sep).

❺ Galerie Lympia

En el 2017, el Gobierno regional de los Alpes Marítimos inauguró esta innovadora **galería** (p. 101) en una *galère* (prisión de galeotes) reconvertida. Las exposiciones, instaladas junto a las literas de los antiguos presos, alternan entre artistas locales de vanguardia y pintores y escultores de renombre internacional.

❻ Boulevard Franck Pilatte

En esta franja costera, una de las mejores zonas residenciales de Niza, el quiosco **La Gratta** sirve uno de los mejores *pan bagnat,* mientras que **Coco Beach** (p. 101) es la zona de baño favorita de los nizardos. El antiguo trampolín, hoy ocupado por un (caro) restaurante de moda, es un escenario clásico de la ciudad.

❼ Rue Bonaparte

En 1794, Napoleón vivió nueve meses en **6 Rue Bonaparte,** como indica una placa, y hoy es la calle más animada de Le Port-Garibaldi, donde cada puerta esconde un bar, un café o un restaurante.

A
B
C
D
E
F
1
2
3
4
Reseñas en:
Puntos de interés p. 101
Dónde comer p. 103
Dónde beber p. 106
Ocio p. 108
De compras p. 108
Véase ampliación
Place Garibaldi
1
23
21
La Maïoun
La Table Alziari
R Barla
R Cassini
R François Guisol
R Fodéré
R Arson
Bd de Riquier
LE PETIT MARAIS
R Gustave Deloye
Bd Dubouchage
R Pastorelli
R Gubernatis
R de l'Hôtel des Postes
R Gioffredo
Av St-Jean Baptiste
R Sincaire
R Catherine Ségurane
R Pairolière
R St-Joseph
Banh Mei
Allée Professeur Benoît
Parc du Château
Colline du Château
Montée de Montfort
Montée Lesage
VIEUX NICE
22
Q Papacino
2
Port Lympia
19
18
Q des Deux Emmanuel
Bd Stalingrad
Bd Carnot
7
Trans Côte d'Azur
6
Lou Passagin
Q des Docks
3
Galerie Lympia
14
Q Lunel
Q Infernet
Q Rauba Capeu
Bassin des Amiraux
Q du Commerce
Bd Franck Pilatte
5
Parc Vigier
Bassin du Commerce
Bahía de los Ángeles
MAR MEDITERRÁNEO
Club Nautique de Nice
Coco Beach
4
0
200 m
13
8
20
24
16
R Bonaparte
LE PETIT MARAIS
12
R Lascaris
11
R Emmanuel Philibert
15
17
10
9
R Cassini
R François Guisol
R Fodéré
Onice
26
Pl de l'Île de Beauté
25
0
500 m
N

Puntos de interés

Place Garibaldi

PLAZA

1 PLANO P. 100, C1

Esta grandiosa plaza, que debe su nombre a Giuseppe Garibaldi, héroe militar y nacionalista italiano nacido en Niza, se inauguró a finales del s. XVIII como plaza de armas. Hoy es un animado lugar de reunión rodeado de cafés, bares y restaurantes. Por ella pasa la línea 1 de tranvía; la línea 2 para debajo.

Port Lympia

ARQUITECTURA

2 PLANO P. 100, D2

Con sus bellos edificios de tonos venecianos, suele pasar desapercibido, pero pasear por los muelles es una delicia, al igual que el camino que conduce hasta aquí: se baja por el Parc du Château o se sigue por Quai Rauba Capeu, donde un enorme monumento de guerra excavado en la roca recuerda a los 4000 ciudadanos nizardos caídos durante las dos guerras mundiales.

Galerie Lympia

GALERÍA

3 PLANO P. 100, E3

La galería más vanguardista de Niza se encuentra en la antigua prisión de galeotes del puerto. Inaugurada en el 2017 por el Gobierno del departamento de los Alpes Marítimos tras un proyecto de restauración de 2,1 millones de euros, acoge regularmente exposiciones gratuitas de obras de artistas de la región, como Patrick Moya, y de otros países. (espace lympia.departement06.fr)

Ventanas abiertas a la Historia

Al pasear cerca del puerto, se aprecian los signos de la historia del barrio.

Muchos locales de la zona, como el edificio Hierro Desvilles, en el 4 Rue Antoine Gautier, conservan las anchas puertas y las diminutas ventanas superpuestas que se utilizaban en el s. XIX, cuando las mercancías llegaban en carros de caballos. Otros tienen sótanos profundos excavados en la piedra calcárea, muy útiles para almacenar mercancías.

Coco Beach

PLAYA

4 PLANO P. 100, F4

En esta rocosa orilla, frecuentada por los vecinos en verano, no hay tumbonas, chiringuitos o restaurantes. No es una playa clásica, pero el agua cristalina es ideal para bucear y la puesta de sol es soberbia.

Parc Vigier

PARQUE

5 PLANO P. 100, E4

Pequeño parque cercado frente a Coco Beach, lleno de aficionados al *fitness* y padres con cochecitos. Las altas palmeras dan sombra en días de calor para hacer un pícnic o relajarse mientras los niños se entretienen en la zona de juegos.

Lou Passagin

NAVEGACIÓN

6 PLANO P. 100, D3

Frente a los yates de lujo, los *pointus*, coloridos barcos pesqueros de madera que bordean el extremo oriental de Port Lympia, dan un toque característico a la línea costera. Muchos son privados, aunque de mayo a septiembre se puede navegar en el *Lou Passagin*, de gestión municipal, que realiza una corta travesía por el puerto.

Se embarca en el muelle Entrecasteaux, al este del puerto, o en el muelle Lunel, al oeste. (departement06.fr/se-deplacer-autrement/lou-passagin-3017.html)

Trans Côte d'Azur

NAVEGACIÓN

7 PLANO P. 100, D3

Trans Côte d'Azur ofrece cruceros de 1 h por la bahía de los Ángeles y la Rade de Villefranche entre abril y octubre (adultos/niños 20/16 €).

También organiza cruceros de ida y vuelta de un día completo entre finales de mayo y septiembre a la isla Ste-Marguerite (45/36 €), St-Tropez (74/60 €), Mónaco (43/35 €) y Cannes (45/35 €): se embarca por la mañana, se pasa el día en el destino y se regresa por la tarde. (trans-cote-azur.com)

Playa rocosa, cerca de Coco Beach (p. 101).

De cenagal a zona de moda bohemia

Al contemplar hoy el barrio, nunca se adivinaría que fue un remanso pantanoso hasta el s. XVIII. A diferencia de Marsella al oeste y Génova al este, Niza nunca tuvo un puerto natural adecuado para el comercio a gran escala, por lo que hasta que el castillo se derrumbó en 1706 y Carlos Manuel III encargó la construcción de Port Lympia en 1749, la ciudad destacó más como fortaleza militar que como puerto.

Tres siglos después, el puerto está repleto de pasajeros con destino a Córcega, Cannes y Mónaco, mientras que las calles que rodean Place Garibaldi se han convertido en la zona de moda de Niza, con restaurantes, tiendas y vida nocturna.

Dónde comer

Café Paulette

TAPAS €€

8 PLANO P. 100, A2

Este sofisticado café y bar de vinos es uno de los locales favoritos del Petit Marais (p. 105). Es muy apreciado por las sabrosas tapas internacionales, como *risotto* de calamares asados y cebada o *tataki* japonés de atún con costra de sésamo. Una amplia selección de cócteles complementa la sólida carta de vinos. (cafe-paulette-nice.com)

Comme un Dimanche

DESAYUNO €

9 PLANO P. 100, B3

En uno de los nuevos locales de *brunch* que han proliferado en Niza, los dueños, Marie y Stéphane, sirven un menú inspirado en sus tres años de vida en Australia, con propuestas como puré de aguacate con un toque continental o rollito de beicon ahumado y huevo. También han importado a la Costa Azul la cultura cafetera australiana. (commeundimanche-nice.com)

Jan

GASTRONÓMICO €€€

10 PLANO P. 100, B3

Los platos del chef sudafricano Jan Hendrik van der Westhuizen, galardonado con una estrella Michelin, están impregnados de sabores de las antípodas y del nuevo mundo, y rebosan talento artístico y culinario. No hay nada *à la carte,* pues Jan decide sus menús el mismo día. Es un restaurante de lujo muy solicitado que requiere vestir con elegancia y reservar. (restaurantjan.com)

Chez Pipo

FRANCESA €

11 PLANO P. 100, B3

Se dice que la mejor *socca* (tortita de harina de garbanzos) se come en el casco antiguo, pero este lo-

El museo MAMAC, cerrado por reformas

El Musée d'Art Moderne et d'Art Contemporain (MAMAC) cerró al público el 7 de enero del 2024 debido al gran proyecto de reurbanización de los frondosos jardines de Promenade du Paillon. Al cierre de esta edición, se espera que empiece a reabrir a finales del 2025 o principios del 2026. Consúltense las actualizaciones en mamac-nice.org.

cal, cerca de Port Lympia, lleva en el negocio desde 1923 y la suya no tiene nada que envidiar a ninguna otra de Niza. Se recomienda ir pronto para conseguir mesa en la soleada terraza. (chezpipo.fr)

Badaboom

VEGANA €

12 PLANO P. 100, B2

Paraíso para veganos y vegetarianos, esta pequeña cafetería está especializada en zumos prensados en frío, cereales integrales, productos ecológicos locales y postres crudos.

La carta incluye ensaladas, *wraps* y platos del día, servidos con los saludables zumos creados por el dueño. (facebook.com/Badaboombistrot)

Kalōs

MEDITERRÁNEA €

13 PLANO P. 100, A2

Una breve y sabrosa propuesta de pan de pita relleno de carne de ternera, pollo, cerdo o falafel, con humus y ensalada griega, o todos estos ingredientes servidos en un plato. Comida callejera a precios imbatibles, sobre todo para empaparse del ambiente de Rue Bonaparte por poco dinero. (kalosnice.com)

Maison Gusto

MEDITERRÁNEA €€

En este bar para aficionados a la *mozzarella* (véase 10 plano p. 100, B3), las bandejas de degustación de *burrata, stracciatella, mozzarella di bufala,* embutidos y ensaladas garantizan una velada inolvidable. Otras opciones son hamburguesa, fuagrás, *gnocci* de bogavante o solomillo de ternera al aceite de trufa. Es uno de los sitios de moda del barrio para cenar. (instagram.com/maison_gusto)

Epiro Nice

ITALIANA €€

14 PLANO P. 100, E3

La propuesta de este acogedor y elegante local italiano, frente a la terminal de Corsica Ferries, es sencilla: pasta fresca, cocinada y aderezada a la perfección, acompañada de una carta de exquisitos vinos naturales. (instagram.com/epironice)

Rumbo a Le Petit Marais

Puede que los parisinos se burlen de la idea, pero este barrio recibe el cariñoso apodo de "Le Petit Marais" por el barrio de moda de Marais, en París. La compacta maraña de calles encajonadas entre Place Garibaldi y Port Lympia está repleta de restaurantes, bares y *boutiques* de moda.

Las opciones gastronómicas oscilan entre humildes establecimientos con *socca* y *pissaladière* (tarta de cebolla), bohemios locales veganos y de tapas, y restaurantes de alto nivel con impecables credenciales gastronómicas. En cuanto a la bebida, es difícil caminar más de un minuto sin toparse con un bar o un interesante local nocturno. Rue Bonaparte es la mejor calle para ir de bares, con muchas más propuestas a lo largo de Rue Cassini, Rue Lascaris y Rue Bavastro.

En el lado este del puerto, Quai des Deux Emmanuels es otro rincón con mucho ambiente para tomar una cerveza o un aperitivo al atardecer, mientras el sol tiñe las fachadas multicolores del puerto con su luz dorada.

Rue Bonaparte y las calles anejas albergan una amplia variedad de *boutiques* independientes originales. La zona del puerto es también el epicentro de los anticuarios de Niza, con docenas de tiendas y un *brocante* (mercadillo) mensual al aire libre que ocupa Place Garibaldi el 3er sábado de cada mes (7.00-17.00).

L'Uzine

MEDITERRÁNEA €€

15 PLANO P. 100, B3

Los estampados *pop art* y una decoración anticuada marcan el curioso estilo de este pequeño y moderno local de Port Lympia (su nombre significa "La Fábrica"). Es tan popular por las copas del fin de semana como por la comida de bistró. Los fines de semana tocan bandas para una clientela moderna. (luzine-restaurant.com)

Socca d'Or

COMIDA RÁPIDA €

16 PLANO P. 100, B2

Los vecinos adoran las especialidades locales de este discreto restaurante de barrio: *pan bagnat* (emblemático bocadillo de atún provenzal) en pan fresco casero, *tourte de blette sucrée* (tarta dulce de acelgas), *pissaladière* (tarta de cebolla), *salade niçoise* (ensalada nizarda) y la famosa *socca* que da nombre al restaurante. (restaurant-soccador-nice.fr)

Dónde beber

La Boulisterie Club

BAR DE DEPORTES

17 PLANO P. 100, B3

La petanca está de moda, como atestigua este bar con pista cubierta en un espacioso garaje reconvertido de Rue Lascaris. La ventaja añadida es que se puede jugar con complementos tan esenciales como vino rosado y *panisse* (patatas fritas con garbanzos).

Lo gestionan los mismos que han creado la *concept store* homónima en el centro comercial Nice Etoile. (laboulisterie.com/club)

Café du Cycliste

CAFÉ

18 PLANO P. 100, E3

El *café vélo* original de Niza ocupa un espacio de techos altos en el extremo oriental de Port Lympia. Un sueño para los ciclistas, con su propia línea de ropa deportiva, salidas semanales en grupo y ambiente social, pero igualmente atractivo para los que no pedalean, con uno de los mejores cafés en kilómetros a la redonda. (cafeducycliste.com)

Ma Nolan's.

JACKIE ELLIS/ALAMY STOCK PHOTO ©

Buenos días, mediodías y noches

Por la mañana: la mejor manera de empezar el día es zambullirse en el mar cerca del **Club Nautique de Nice** (clubnautique-restaurant.com), un lugar en Le Port que recuerda los "locos años veinte" con su trampolín con vistas a la bahía de los Ángeles.

A mediodía: para almorzar sin prisas, **La Maïoun** (la-maioun-nice.fr), en Place Garibaldi, y **La Table Alziari,** en Vieux Nice, preparan platos caseros locales que me transportan a la infancia.

Por la noche: suelo volver al casco antiguo para tomar un aperitivo con vino natural en **Banh Mei** (instagram.com/banhmei), un sitio genial de cocina de fusión, o me quedo en mi barrio para disfrutar de una cena íntima en el nuevo establecimiento gastronómico **Onice** (restaurantonice.com), donde una nueva generación interpreta el saber hacer mediterráneo y nizardo.

Recomendado por Kalice Brun. *Kalice es una escritora nacida en Niza, naturópata y residente en Le Port. @kalicebrun*

Ma Nolan's

PUB IRLANDÉS

19 PLANO P. 100, E2

Es el hermano portuario del popular bar irlandés de Vieux Nice, con el mismo ambiente animado, Guinness de barril, *happy hour* y comida de *pub*, pero con la ventaja de disfrutar del sol del ocaso en la terraza. Es ideal para ver deportes en directo, con pantallas en casi todas las paredes. (ma-nolans.com)

Comptoir Central Électrique

BAR

20 PLANO P. 100, A2

Este bar de moda, que en su día fue una tienda de artículos de iluminación (no hay más que ver su colección de bombillas), fue uno de los pioneros de Rue Bonaparte. La gente moderna acude en busca de sofás mullidos, decoración industrial y la gran variedad de cervezas y vinos por copas. También hay un menú de pizarra con aperitivos para compartir. (comptoircentralelectrique.fr)

Le Café des Chineurs

BAR

21 PLANO P. 100, D1

En la esquina de Place Garibaldi con Rue Bonaparte, epicentro de la vida nocturna del Petit Marais, se concentra un público joven y moderno. Desde la hora del aperitivo hasta la madrugada, el local se anima con una carta de tapas internacionales (básicamente frituras, quesos y embutidos) y una amplia selección de combinados. (le-g-chineurs.com/en/bar)

Visitar el edificio más insólito de Niza

Para conocer el edificio más extraño de Niza, hay que dirigirse 350 m al noroeste de Place Garibaldi y contemplar **La Tête Carrée,** obra diseñada por el artista local Sacha Sosno.

Rouge

BAR DE VINOS

22 PLANO P. 100, D2

En este elegante bar de vinos situado entre los anticuarios del puerto, las raciones deberían compartirse, pero los sabores y las texturas son tan buenos que se acaba pidiendo otra ronda. Los excelentes vinos, en su mayoría naturales, proceden de pequeñas bodegas. (rouge-restaurant.fr)

Ocio

Cinéma Mercury

CINE

23 PLANO P. 100, D1

El cine favorito del barrio programa abundantes estrenos y películas independientes, muchas en inglés. (mercury.departement06.fr)

De compras

Lucien Chausseur

ZAPATOS

24 PLANO P. 100, A2

Desde hace más de 100 años, esta pequeña zapatería calza a la gente adinerada de Niza y ha presenciado los cambios en el barrio. Basta con tocar las suaves creaciones de cuero hechas a medida para comprender la razón. También tienen zapatos de conocidas marcas internacionales. (instagram.com/lucienchausseur)

Village Ségurane

ANTIGÜEDADES

25 PLANO P. 100, A3

Galería comercial imprescindible para los apasionados de las antigüedades; que reúne a varios marchantes alrededor de un frondoso patio en el corazón del barrio portuario de Niza. Es ideal para encontrar el obsequio perfecto. (04 93 26 95 05)

Rodolphe Delcroix

INSTRUMENTOS MUSICALES

26 PLANO P. 100, A3

En el corazón del barrio de los anticuarios, esta sorprendente tienda está especializada en instrumentos musicales antiguos de todo tipo, desde cuernos de caza hasta mandolinas napolitanas. (musicantic.eu)

Boulevard Franck Pilatte (p. 99).

Merece la pena

Contemplar las vistas desde las tres Corniches

Entre el puerto de Niza y Mónaco, un atractivo trío de corniches (carreteras costeras) abraza los acantilados y brinda espectaculares vistas del Mediterráneo. Las mejores son las de la Grande Corniche, pero la Moyenne Corniche le sigue de cerca. La más baja, la Basse Corniche, permite acceder a elegantes complejos costeros.

Cómo llegar

Desde Niza, el autobús de Lignes d'Azur nº 116 va a La Turbie (Grande Corniche); el nº 82 a Èze (Moyenne Corniche); el nº 15 a St-Jean-Cap-Ferrat, y el nº 607 a destinos de la Basse Corniche.

De Niza a Villefranche-sur-Mer, Beaulieu-sur-Mer, Èze-sur-Mer y Cap d'Ail por la Basse Corniche.

Grande Corniche

Las vistas desde la Grande Corniche, que cuelga de un acantilado, son fascinantes y, si se viaja en coche, uno querrá parar en cada curva para admirar el paisaje. Alfred Hitchcock quedó prendado de ella y la utilizó como telón de fondo de una de las más icónicas escenas de *Atrapa a un ladrón* (1956), con Cary Grant y Grace Kelly.

El pueblo más destacado es **La Turbie,** con un magnífico arco del triunfo romano, aunque las vistas desde el **Fort de la Revère,** en lo alto de Èze, también son soberbias.

Moyenne Corniche

Excavada en roca en la década de 1920, conduce desde Niza hasta el **Col de Villefranche** (149 m), **Èze** y **Beausoleil** (limítrofe con Mónaco). Se puede descender desde el precioso pueblo de Èze hasta su homólogo costero, **Èze-sur-Mer,** por el empinado Sentier Nietzsche, un sendero de 45 min que debe su nombre al filósofo alemán, que empezó a escribir *Así habló Zaratustra* durante su estancia en Èze (y disfrutó de este camino).

Basse Corniche

Entre Niza y Mónaco, la Basse Corniche, construida en la década de 1860, atraviesa las localidades de Villefranche-sur-Mer, Beau-lieu-sur-Mer, Èze-sur-Mer y Cap d'Ail.

Las vistas entre Beaulieu-sur-Mer y Èze-sur-Mer son impresionantes, con escarpados acantilados que se precipitan al mar en picado.

Para más detalles, consúltense los itinerarios a pie por **Beaulieu-sur-Mer** (p. 112) y la cercana **St-Jean-Cap-Ferrat** (p. 114).

★ Consejos

- No hay que perderse el asombroso **Trophée des Alpes** (trophee-auguste.fr), un monumento con columnas, construido en el año 6 a.C. para celebrar la victoria del emperador Augusto sobre las tribus alpinas celtíbero-ligures, en el punto más alto de la antigua calzada romana.
- Para recorrer a pie el Sentier Nietzsche, hay que tomar el autobús nº 82 hasta Èze, descender a pie hasta Èze-sur-Mer y regresar en tren a Niza. También se puede abordar en ascenso, siguiendo los pasos anteriores a la inversa.

Una pausa

A lo largo de la Basse Corniche abundan los cafés y bistrós, pero las vistas desde la gastroneta **Food'Eze** (☎ +33 6 20 87 04 66), en la Moyenne Corniche de Èze, merecen el desvío.

Para hacer noche, el lujoso **Château Eza,** en Èze (chateaueza.com; ❄ Wi-Fi), es ideal.

Circuito a pie

Pasear por las calles y playas de Beaulieu

El pueblo costero de Beaulieu-sur-Mer está rodeado de un paisaje deslumbrante, repleto de arquitectura belle époque *y posee uno de los climas más benignos de la Francia mediterránea. Ha conservado un sentido de la historia y de la comunidad que resiste el paso del tiempo.*

Cómo llegar

Autobús nº 15 o 607 de Lignes d'Azur desde Niza (20 min).

A la estación de Beaulieu-sur-Mer (a 10 min de Nice Ville).

❶ Marché de Beaulieu-sur-Mer

Las mañanas comienzan en el animado **mercado** de frutas y verduras. Los productos mediterráneos son los protagonistas. En julio y agosto, el quiosco de música de la plaza vecina acoge conciertos estivales.

❷ Tennis Club de Beaulieu

El **club de tenis** de Beaulieu (lestennisdebeaulieu.com) fue fundado en 1899 por el magnate británico del mueble Sir Blundell Maple. Por sus pistas de tierra batida han pasado desde reyes hasta estrellas en ciernes. A cualquier hora del día, se puede pillar una silla de plástico y observar a los miembros del club competir.

❸ Plage des Fourmis

Quizá ningún otro lugar personifica mejor el encanto de Beaulieu que esta bonita **playa.** Rodeada por un paseo de palmeras y el centenario casino, domina la protegida bahía de Villa Kérylos. Las familias acuden por la tranquilidad de sus aguas y su céntrica ubicación.

❹ Port de Plaisance

Lo primero que llama la atención en el **puerto** son los yates y las embarcaciones deportivas, lo que explica su nombre: "puerto de recreo". Pero en el extremo sur, una pequeña cohorte de pescadores continúa descargando sus capturas todas las mañanas, salvo los lunes. A las 9.00 se les ve faenar en el muelle.

❺ L'Olivaie

Visitar este **rincón a la sombra de los olivos** en las afueras de la localidad es como retroceder a otro siglo, antes de que los casinos y el fácil acceso en tren pusieran de moda la Costa Azul. Los residentes se relajan en los bancos, leyendo o charlando.

❻ Plage Petite Afrique

"La pequeña África" describe a la perfección esta extensión de arena cálida y soleada. Achicada por los espectaculares acantilados del extremo oriental de Beaulieu, esta extensa playa pública es otra favorita de las familias. Los pinos paraguas dan sombra a los niños en la zona de juegos y se organizan partidos de vóley-playa espontáneos. **Baia Bella** (baiabella.com), con un gran valor ecológico, es el mejor de los dos clubes de playa privados.

La villa griega frente al mar de Beaulieu

El recorrido se completa con una visita a **Villa Kérylos** (villakerylos.fr). Esta magnífica reproducción de una villa ateniense del s. I, con baños, impresionantes suelos de mosaico y muebles, fue diseñada por el erudito y arqueólogo Théodore Reinach en 1902, cuando lo que se llevaba en la alta sociedad eran las casas excéntricas en la Costa Azul.

Circuito a pie

Disfrutar del bello St-Jean-Cap-Ferrat

Afortunados son los que pueden llamar a St-Jean-Cap-Ferrat su hogar. La vida en esta bella península verde, 9 km al este de Niza, sigue estando cerca de la naturaleza y alejada del frenético ritmo de la modernidad. Algunos de los senderos costeros más intactos de Francia invitan a caminar con calma y apreciar todo su esplendor.

Cómo llegar

Autobús de Lignes d'Azur nº 15 desde Promenade des Arts en Niza (35 min).

❶ Villa Ephrussi de Rothschild

Esta ornamentada **villa** blanca y rosa pálido de la *belle époque* (villa-ephrussi.com/es), encargada por la baronesa Béatrice Ephrussi de Rothschild en 1912, con nueve exquisitos jardines, transporta a una época en que los muebles Luis XVI y los cuadros de Fragonard estaban de moda.

❷ Promenade Maurice Rouvier

Popular entre familias jóvenes y corredores, este llano paseo costero desde Beaulieu-sur-Mer hasta la playa de St-Jean pasa por delante de la puerta principal de la Villa la Fleur du Cap, de color rosa chicle, donde Charlie Chaplin veraneó una vez.

❸ La Civette

Fotografías en sepia de la ciudad de 1930 muestran este café, ya conocido como **La Civette** (☎04 93 76 04 14), en la plaza central. Casi un siglo después, sigue siendo un lugar popular para tomar café, vino y ver la vida pasar.

❹ Jardin de la Paix

A la sombra de fragantes pinos y salpicado de esculturas, este **parque de la paz** es un apreciado y tranquilo rincón para contemplar el mar antes de pasear por el circuito costero de 3 km que parte de aquí. En verano, el encantador **quiosco** (cabanoncapferrat.fr) vende tentempiés y, en agosto, la ciudad se reúne para asistir al festival de *jazz* al aire libre.

❺ Plage Paloma

Esta idílica cala con forma de media luna es la escapada veraniega predilecta, con fabulosas vistas de Beaulieu-sur-Mer y los acantilados de Èze. La céntrica playa privada seduce a los turistas con un caro restaurante, tumbonas y sombrillas, pero los vecinos preparan un pícnic y se dirigen a las zonas públicas gratuitas, situadas a ambos lados de la playa.

❻ Faro de Cap Ferrat

El paseo clásico entre St-Jean y Cap-Ferrat es el Tour du Cap-Ferrat, de 7 km, que bordea el mar desde St-Jean hasta los agrestes confines de la península. Los residentes pasean a sus perros hacia el **faro,** en el extremo sur de Cap-Ferrat. Un poco más allá, la remota Pointe Malalongue es uno de los lugares de pesca favoritos de los habitantes de la zona.

❼ Plage de Passable

Los vecinos aseguran que la puesta de sol en la **playa de Passable** es una experiencia ineludible. Situada en el extremo occidental de la península, se asoma a las villas ocres de Villefranche-sur-Mer, que lucen más espléndidas con la luz crepuscular.

Explorar
Mónaco

Con solo 200 Ha, Mónaco es el segundo país más pequeño del mundo, pero lo que le falta en tamaño lo compensa en actitud. Este minúsculo Principado, lleno de hoteles de lujo, yates y bloques de apartamentos dispuestos como un dominó en las empinadas colinas, es un imán para los grandes jugadores, los hedonistas y los aficionados al automovilismo que acuden a su Gran Premio de Fórmula Uno.

Lo esencial

- ***Casino de Montecarlo (p. 118)*** *Recorrido por las deslumbrantes salas de juego (sin jugadores).*
- ***Marché de la Condamine (p. 133)*** *Codearse con los vecinos tomando un café.*
- ***Le Rocher (p. 130)*** *Ascender al barrio más antiguo de la ciudad.*
- ***Distillerie de Monaco (p. 141)*** *Degustar el licor cítrico monegasco.*

Cómo llegar y desplazarse

Las calles de Mónaco discurren mayormente paralelas al paseo marítimo, conectadas por una red peatonal de escalones, escaleras mecánicas y ascensores que ayudan a los visitantes a evitar las empinadas cuestas.

Servicio cada 30 min a 1 h a Niza (4,40 €, 25 min).

Zou (zou.maregionsud.fr) opera el autobús nº 607 a Niza (2,10 €, 45 min) cada 15 min.

CAM (cam.mc) cuenta con seis líneas locales que llegan a cualquier punto de Mónaco en 15 min.

Plano de la zona en p. 128.

Catedral de Mónaco (p. 131). SERGEY NOVIKOV/SHUTTERSTOCK ©

Las mejores experiencias

Visitar el magnífico Casino de Montecarlo

Símbolo de Mónaco y piedra angular del glamur de la Riviera, esta joya de la belle époque *revitalizó la fortuna de la familia Grimaldi cuando se inauguró en 1866 y aún cautiva a cuantos lo visitan. Ya se trate de un jugador experimentado, un nostálgico de James Bond o un curioso, el Casino de Montecarlo causa una impresión inolvidable.*

PLANO P. 128, F2

casinomontecarlo.com

Atrium du Casino

El gran atrio del casino posee un pavimento de mármol y 28 columnas jónicas que sostienen una galería balaustrada cubierta con un techo parisino de vidrio grabado. Fue el enclave del casino original, donde los jugadores disfrutaban de la famosa orquesta de 15 músicos.

Hoy es un vestíbulo magnífico, la primera sala que se pisa camino del casino. A la izquierda se encuentra el **Salon Renaissance,** con una colección de máquinas tragaperras antiguas y modernas.

Salle Europe

Es la parte más antigua del casino y la sala de juego principal. Aquí se juega al *trente et quarante* y a la ruleta europea desde 1865. Enormes lámparas de cristal de Bohemia, de 150 kg cada una, cuelgan del ornamentado techo circular de cristal, sostenido por columnas de ónice con franjas de bronce. Las ventanas en forma de ojo de buey que rodean la sala servían originalmente como puntos de observación de seguridad.

Salon Rose

Tras la prohibición de fumar en las salas de juego, en 1903 se abrió este espacio para los fumadores. Hoy es un **restaurante** público, y los únicos fumadores a la vista son *Les Fumeuses,* las voluptuosas fumadoras de puros pintadas en el techo por el artista italiano Massimiliano Gallelli. Su mirada sigue al visitante mientras recorre la sala. Una serie de altas puertas francesas ofrecen sugestivas vistas del Mediterráneo y las palmeras.

Salle Blanche

El magnífico salón posee una elegante barra de bar con incrustaciones de mosaico, sobre una larga pared de ventanales que dan a una terraza de juego al aire libre con soberbias vistas del Mediterráneo.

★ Consejos

- A partir de las 14.00, cuando se empieza a jugar, solo se admiten mayores de 18 años; es obligatorio mostrar un documento de identidad con foto.
- Las zapatillas de deporte no están permitidas. La chaqueta no es obligatoria para caballeros, pero se recomienda en las salas de juego (y es obligatoria en los *salons privés* por las noches).
- En la sala principal (Salle Europe), la apuesta mínima es de 5/10/20/25/20 € para ruleta/póquer/*trente et quarante*/*blackjack*/bacarrá.

✖ Una pausa

Puede disfrutarse un festín a la italiana en Le Train Bleu (p. 134), la recreación que hace el casino de un vagón restaurante de la *belle époque.*

Lo mejor es conseguir un asiento privilegiado y observar a la gente desde la terraza del Café de Paris, que da al casino (p. 137).

Las cariátides del techo están inspiradas en las cortesanas de moda, como la Bella Otero, que hizo aquí su primera apuesta a los 18 años. En la pared del fondo, un cuadro la representa junto a sus compañeras Cléo de Mérode y Liane de Pougy como las Tres Gracias.

Este es uno de los *salons privés*, con mesas de *blackjack*, póquer, ruleta inglesa y europea, y bacarrá.

Salles Touzet

Esta sala bautizada con el nombre del arquitecto Jules Touzet e inaugurada en 1890, esta inmensa sala de 21 por 24 m está decorada con lujosos paneles de roble, caoba de Tonkín y jaspe oriental, combinados con grandes lienzos, bronces de Marsella, mosaicos italianos, relieves escultóricos y un techo de vidrieras de 12 m. En las mesas se juega a la ruleta y también hay tragaperras.

Salle Médecin

También conocida como Salle Empire por su exagerada decoración de estilo imperio, la sala de juego del arquitecto monegasco François Médecin fue diseñada para los grandes jugadores del casino, y sigue siendo uno de sus *salons privés* más exclusivos, con una zona oculta a las miradas indiscretas, la sala *super-privé*.

Lugar de rodaje habitual, aparece en las películas *Nunca digas nunca jamás* y *Golden Eye*, donde James

Salle Garnier.

'Salons ordinaires', 'privés' y 'super-privés'

El Casino de Montecarlo consta de *salons ordinaires* (salones ordinarios), *salons privés* (privados) y *salons super-privés* (territorio exclusivo para jugadores expertos).

Cualquier persona (incluidos los niños) puede visitar los *ordinaires* y los *privés* en una visita autoguiada por la mañana, cuando las normas de vestimenta son menos estrictas y no se juega. A partir de las 14.00, los adultos que vistan apropiadamente también pueden jugar en los *salons ordinaires*, incluida la Salle Europe (mesas de juego) y las Salles Renaissance y des Amériques (solo tragaperras).

El acceso a los *salons privés* es limitado; en el 2018, el casino anunció una nueva política que los restringe a los miembros Gold, Platinum y Privé de su club de jugadores frecuentes. Los *salons super-privés* están vetados de forma permanente, salvo para los jugadores más derrochadores.

Bond cruza la sala a grandes zancadas. La terraza contigua ofrece vistas impresionantes de la bahía de Roquebrune-Cap-Martin.

Salle Garnier

También conocida como la Ópera de Montecarlo (p. 137), es el teatro de la ópera de la ciudad y programa ópera, *ballet* y música clásica todo el año.

Lleva el nombre del arquitecto Charles Garnier, que también diseñó el teatro de la ópera Palais Garnier de París. Aunque contigua al casino, la entrada es independiente y no forma parte del circuito del casino.

La estatuaria original, que tardó ocho meses en construirse y dos años en restaurarse (2004-2006), se rehabilitó utilizando moldes originales conservados por el nieto del artista. Las 525 butacas disponen de aire acondicionado y calefacción individuales.

Las mejores experiencias

Sumergirse en el Musée Océanographique de Monaco

En un magnífico edificio barroco de un acantilado a 85 m sobre el Mediterráneo, el museo más importante de Mónaco destaca por su arquitectura, sus colecciones y su historia única. Fue idea del príncipe Alberto I (1848-1922), un ferviente científico marino cuyos viajes por el Mediterráneo y el Ártico supusieron numerosos descubrimientos y una gran cantidad de especímenes.

PLANO P. 128, E5

musee.oceano.org

Deslumbrantes exhibiciones

La pieza central del museo es el acuario, uno de los más antiguos de Europa, con una laguna de 6 m de profundidad donde los tiburones depredadores están separados de los coloridos peces tropicales por un arrecife de coral. Los niños quedan embelesados en el tanque principal, de dos pisos y con divisiones verticales, cuyas paredes de cristal muestran a los tiburones patrullando por un lado, mientras que por el otro nadan despreocupados alevines de nombres cómicos, como el pez unicornio de espinas azules y el pez elefante de manchas negras.

En total, cuenta con unas 90 peceras que albergan unas 450 especies mediterráneas y tropicales, alimentadas por 250 000 l diarios de agua bombeada del mar.

Descubrir la historia oceanográfica

En el piso superior, dos enormes salas con columnas recorren la historia de la oceanografía y la biología marina a través de fotografías, especímenes, equipos de submarinismo antiguos y exposiciones interactivas, con especial énfasis en el trabajo pionero de Alberto I y sus contribuciones a este campo. Después, se sube a la terraza de la azotea y a la cafetería con panorámicas de Mónaco y el Mediterráneo.

Encuentros con la fauna marina

La entrada incluye la exposición interactiva de la **Salle de la Baleine,** donde, sobre 650 m^2 de paredes y suelo, se proyectan imágenes en movimiento de la Gran Barrera de Coral, las regiones árticas y otros lugares.

En el exterior, el **Odyssée des Tortues Marines** trata el rescate y la rehabilitación de tortugas e indica cómo actuar si se detecta un animal herido en la costa.

★ Consejos

La terraza de la azotea y la cafetería ofrecen panorámicas del Principado y el Mediterráneo.

Se ahorra comprando la entrada combinada para acceder el mismo día al Musée Océanographique y al Palais Princier (p. 130) o a la colección de coches del príncipe Rainiero (p. 130), de venta en los tres sitios.

Una pausa

Se impone disfrutar de un té, café o chocolate caliente en la Chocolaterie de Monaco (p. 135).

Un paseo de 5 min lleva a Le Petit Bar (p. 134) para degustar un *plat du jour* a buen precio.

Circuito a pie

Del Casino de Montecarlo a Monaco-Ville

Los lugares más emblemáticos de Mónaco forman un elegante arco alrededor del puerto de La Condamine. Este tranquilo paseo de 1 h discurre desde el esplendor belle époque *del casino hasta el centro de la ciudad medieval, con espléndidas vistas del mar y los jardines.*

Datos

Inicio Casino de Montecarlo

Final Musée Océanographique

Distancia 2 km; 1 h

❶ Del Casino al puerto

Al salir del legendario **Casino de Montecarlo** (p. 118), se camina hacia el escarpado casco antiguo medieval, Le Rocher (Monaco-Ville), en lo alto de una colina al otro lado del agua. Al bajar hacia el puerto de **La Condamine,** se sigue la ruta del Gran Premio de Fórmula Uno.

❷ La Boutique de l'Automobile Club de Monaco

Se puede cruzar Boulevard Albert 1er al llegar al paseo marítimo para visitar **La Boutique** (p. 141), tienda oficial del **club automovilístico** monegasco, que vende desde maquetas de coches hasta chalecos de carreras.

❸ Stade Nautique Rainier III

De vuelta al puerto, el Stade Nautique Rainier III (p. 132) alberga una **piscina olímpica** con trampolines y retorcidos toboganes en verano (12 €/día no residentes) y una **pista de patinaje sobre hielo** en invierno.

❹ Place du Palais

En el extremo más alejado del puerto, hay que seguir las indicaciones hacia el Palais Princier y subir por la Rampe Major en zigzag hasta Le Rocher. Si se llega a tiempo a Place du Palais, frente al **palacio del Príncipe** (p. 130), se puede asistir al **cambio de guardia** de las 11.55, donde los guardias ofrecen un entretenido espectáculo con sus tambores.

❺ Catedral de Mónaco

A continuación, se sigue el camino señalizado hacia la **catedral** (p. 130), donde se rinde homenaje a **Grace Kelly,** la estrella de cine convertida en princesa que murió en un accidente de coche en 1982. Su tumba, en el ábside, está cubierta de flores depositadas por sus admiradores.

❻ Jardins St-Martin

Se disfrutan preciosas vistas del puerto de Fontvieille al entrar en estos magníficos jardines (p. 131), cubiertos de vegetación y adornados con estatuas y fuentes. Desde aquí se percibe la doble estrategia de crecimiento del Principado: construir hacia arriba (rascacielos) y hacia fuera (terreno ganado al mar), técnica que ha aumentado la superficie terrestre de Mónaco en un 25%, cifra que va en aumento.

❼ Musée Océanographique de Monaco

En el otro extremo del parque se encuentra el museo oceanográfico (p. 122), que asoma al Mediterráneo sobre el acantilado. Tras almorzar en el casco antiguo, **Le Rocher,** se regresa para pasar la tarde explorando el magnífico acuario y su histórica colección de artefactos marinos.

Circuito a pie

Paraísos ocultos de Mónaco

Los 8000 monegascos originarios son superados por los 31 000 residentes adoptivos de otros 139 países, los 27 000 trabajadores invitados franceses e italianos y la avalancha de turistas. Pero a pesar de esta oleada de forasteros, los habitantes del Principado aún tienen algunos rincones especiales que pueden llamar suyos.

Datos

Inicio Parc Princesse Antoinette

Final Crique Ciappaira

Distancia 2,5 km; 1 h

❶ Parc Princesse Antoinette

A pesar de los rascacielos, los monegascos son grandes amantes de la naturaleza. Correr y recoger setas silvestres en el interior de la Costa Azul son grandes aficiones, y el 20% del país aún se conserva como espacio verde, incluido este **parque** oculto en una ladera bajo el Jardin Exotique.

Los colegiales acuden a buscar huevos en Pascua, y la escuela contigua cría pollos y cultiva verduras entre olivos centenarios.

❷ Marché de la Condamine

Este **mercado** de productos frescos (p. 141) llena Place d'Armes todas las mañanas del año. Mientras las familias hacen sus compras, los niños retozan en el parque infantil vecino. Gracias al benigno clima, en pleno invierno se venden limones y naranjas.

Desde el parque Princesse Antoinette, se baja a Place d'Armes por una serie de escaleras y ascensores, siguiendo las señales de Avenue Crovetto Frères y Avenue Prince Pierre.

❸ Chez Roger

Los consumidores aprovechan la pausa matinal para visitar este popular **puesto de comida** (☎ 93 50 80 20) en la zona de restauración cubierta junto a Place d'Armes. La especialidad es la *socca,* la tortita de garbanzos típica de la Costa Azul. A las 10.00 la demanda aumenta; algunos la acompañan de café, pero muchos prefieren un vaso de vino.

❹ Chapelle de la Miséricorde

El catolicismo es la religión oficial de Mónaco y el 90% de los ciudadanos se identifican como católicos.

Aunque los visitantes peregrinan con regularidad a la catedral, del s. XIX, para ver la tumba de la princesa Gracia, muchos ciudadanos acuden a esta **capilla** anterior, más pequeña, para oír la misa en latín los domingos a las 18:00 y admirar las pinturas del s. XVII.

❺ Solarium Beach

Los vecinos y trabajadores escogen este insólito lugar de baño junto al **Digue de Monaco,** el dique exterior de hormigón de la terminal de cruceros en el flanco occidental del Port Hercule, para refrescarse al final del día. Conocida como Solarium Beach, la amplia escalinata es el punto de partida ideal en un día de calor, pero el agua es profunda y no está vigilada.

❻ Crique Ciappaira

Escondida bajo los acantilados del sur de Le Rocher se halla esta secreta **playa** de guijarros, también llamada Plage des Pêcheurs. Unas viejas escaleras de piedra descienden hasta el agua, donde hay sitio para colocar la toalla. Los bañistas la frecuentan incluso en invierno si hace sol. Cuando hay tormenta, es intransitable y las escaleras están cerradas.

A
B
C
D
1
2
3
4
5
6
0
200 m
R Grimaldi
Salida/meta
Tabac
Beau Rivage
Av de la Costa
Av d'Ostende
Anthony Noghes
Av du Président JF Kennedy
Casino
Portier
Mirabeau
Casino
Boxes
Piscina
Nouvelle Chicane
Port Hercule
Salida túnel
Entrada túnel
La Rascasse
Circuito Gran Premio Fórmula 1
Número de curva
Gradas de espectadores
Tabac
Nombre recta/curva
FRANCIA (BEAUSOLEIL)
Route de la Moyenne Corniche (N7)
Gare de Monaco
Bd de Suisse
Pl Ste Dévote
Bd Rainier III
R Grimaldi
Bd du Jardin Exotique
Av Hector Otto
Collection de Voitures de SAS le Prince de Monaco
Stade Nautique Rainier III
R de la Turbie
Bd Albert I
Nouveau Musée National de Monaco–Villa Paloma
Jardin Exotique
Av Crovetto Frères
R Terrazzani
Jardin Exotique
Palais Princier de Monaco
Centre Hospitalier Princesse Grace
Bd Charles III
R Colonel Bellando de Castro
Port de Fontvieille
R du Gabian
Av Albert II
Blvd Charles III
Av des Castelans
FONTVIEILLE
Roseraie Princesse Grace
Parc Fontvieille
Route de la Moyenne Corniche (N7)

E
F
G
H
1
2
3
4
5
6
LARVOTTO
18
10
Plage du Larvotto
8
Nouveau Musée National de Monaco–Villa Sauber
Av Princesse Grace
26
Bd du Général Leclerc
Bd des Moulins
Av de Grande Bretagne
Bd de la République
28
31
R du Portier
19
21
11 Jardin Japonais
Av des Citronniers
Allées des Boulingrins
Centre Commercial Le Métropole
42
Av des Spélugues
Bd Princesse Charlotte
27
Av Princesse Grace
Casino de Montecarlo
Jardins des Boulingrins
MONTECARLO
32
29
Av de la Costa
Av de Monte Carlo
34
Av d'Ostende
Bd du Président JF Kennedy
16
Port Hercule
Quai Rainier III
MAR MEDITERRÁNEO
Esp des Pêcheurs
Esp Stefano Casiraghi
25
Q Antoine 1er
Av de la Quarantaine
30
Av de la Porte Neuve
17
22
Av des Pins
Av St-Martin
MONACO VILLE
Musée Océanographique de Monaco
Catedral de Mónaco
5 Jardins St-Martin
14
0
500 m
Reseñas en:
Las mejores experiencias p. 118
Puntos de interés p. 130
Dónde comer p. 132
Dónde beber p. 135
Ocio p. 137
De compras p. 140

Puntos de interés

Jardin Exotique

JARDINES

1 PLANO P. 128, C5

Hogar de la mayor colección de cactus y suculentas del mundo, desde pequeños *echinocereus* hasta candelabros africanos de 10 m, estos jardines descienden por las laderas de Moneghetti a través de un laberinto de caminos, escaleras y puentes. Las vistas del Principado son espectaculares. Cuando se escribió esta guía, estaba cerrado por obras hasta el 2025. (jardin-exotique.mc)

El casco antiguo de Mónaco

Monaco-Ville, también llamada **Le Rocher,** es la única parte de Mónaco que conserva el casco antiguo original, con ventosas callejas medievales. Se eleva al cielo sobre una roca en forma de pistola, en una posición estratégica con vistas al mar, posición que la convirtió en la fortaleza de la dinastía Grimaldi.

Hay varias escaleras para subir a Le Rocher; la mejor ruta es por Rampe Major, que parte de Place d'Armes, cerca del puerto.

Al subir, la estatua del príncipe Rainiero, obra del artista holandés Kees Verkade en el 2013, contempla su amado Mónaco.

Palais Princier de Monaco

PALACIO

2 PLANO P. 128, D5

Construido en el s. XIII como fortaleza en lo alto de Le Rocher, es la residencia privada de la familia Grimaldi. El acceso a la mayor parte del palacio está prohibido, pero se pueden visitar las estancias estatales, con suntuosos muebles y valiosísimas obras de arte coleccionadas por la familia a lo largo de los siglos, así como frescos renacentistas ocultos que los laboriosos (y continuos) trabajos de restauración están sacando a la luz. (palais.mc)

Collection de Voitures de SAS le Prince de Monaco

MUSEO

3 PLANO P. 128, D4

Desde principios de los años cincuenta, el príncipe Rainiero, apasionado de los coches, acumuló una colección de más de 100 automóviles clásicos, que abrió al público en 1993. El patrimonio principesco, hoy trasladado a su nueva sede, construida al efecto en el paseo marítimo de Port Hercule, incluye varios Ferraris, Maseratis, Lamborghinis, Rolls-Royce y varios coches de F1 y *rally,* además del Lexus que llevó al actual príncipe a su boda en el 2011. (mtcc.mc)

Catedral de Mónaco

CATEDRAL

4 PLANO P. 128, E5

Una multitud que adora a los príncipes Rainiero y Gracia desfila sin cesar ante sus tumbas, adornadas con flores, en el coro de la catedral neorrománica-bizantina, construida en 1875. (diocese.mc)

Jardins St-Martin

JARDINES

5 PLANO P. 128, E5

Los primeros jardines públicos de Mónaco rodean la costa frente al Musée Océanographique.

Roseraie Princesse Grace

JARDINES

6 PLANO P. 128, D6

Totalmente renovado en el 2014, la exuberante colección de más de 4000 rosales, junto con el contiguo Parc Fontvieille, contrasta con el estéril entorno de los rascacielos de Fontvieille. El jardín se llena de color en primavera, con rosas multicolores que trepan por los cenadores y ciñen los troncos de los olivos.

Nouveau Musée National de Monaco-Villa Paloma

GALERÍA

7 PLANO P. 128, C4

Esta villa de color blanco nacarado, construida para un estadounidense en 1913 en una ladera próxima al Jardin Exotique, forma parte del Nouveau Musée National de Monaco, junto con Villa Sauber (p. 132). Acoge exposiciones de arte contemporáneo de temática medioambiental (océanos, apocalipsis, etc.). La entrada (6 €) da

Jardin Exotique.

acceso a ambos sitios y los domingos es gratis. (nmnm.mc)

Nouveau Musée National de Monaco -Villa Sauber

GALERÍA

8 PLANO P. 128, G1

Parte del Nouveau Musée National de Monaco, esta suntuosa villa *belle époque* con un frondoso jardín alberga exposiciones temporales de arte contemporáneo centradas en las artes escénicas (Serge Diaghilev, diseños de escenarios, etc.). La entrada (6 €) también da acceso a Villa Paloma. Domingos gratis. (nmnm.mc)

Stade Nautique Rainier III

NATACIÓN, PATINAJE

9 PLANO P. 128, D4

Esta piscina olímpica al aire libre, con trampolín y tobogán, está situada entre los multimillonarios yates de Port Hercule, pero la entrada (12 €/día no residentes) no es tan cara; invertir 6 € extra en una tumbona y una sombrilla merece la pena, pues la sombra escasea. En invierno, se convierte en una pista de hielo. (mairie.mc/le-stade-nautique-rainier-iii)

Plage du Larvotto

PLAYA

10 PLANO P. 128, G1

En el extremo oriental de Mónaco, esta media luna de arena, salpicada de tumbonas y sombrillas, y bordeada por un paseo marítimo con restaurantes recién renovado, es uno de los lugares predilectos en verano.

En la playa, la Académie Monégasque de la Mer (academiemonegasquedelamer.com) alquila tablas de surf de remo y organiza salidas de buceo.

Jardin Japonais

JARDINES

11 PLANO P. 128, F2

Situado entre el Montecarlo urbanizado, Larvotto, el barrio de Mareterra, en plena expansión, y el Mediterráneo, es un rincón paradisíaco. El jardín fue bendecido por un sumo sacerdote sintoísta y en él se fomenta la meditación silenciosa.

Dónde comer

Mitron Bakery

PANADERÍA €

12 PLANO P. 128, D5

El célebre chef Mauro Colagreco, del restaurante Mirazur (p. 15) de Menton, con tres estrellas Michelin, lleva su pasión por los granos raros y los panes ecológicos a este puesto del Marché de la Condamine (hay una panadería más grande en Menton).

La mañana es el mejor momento para comprar pan de harinas locales en desuso recién horneado, o tarta de limón hecha con los preciados limones de Menton. (mitronbakery-monaco.com)

Para comer barato

Para degustar platos sabrosos y de excelente relación calidad-precio en mesas compartidas, se recomienda el fabuloso **Marché de la Condamine** ubicado bajo los arcos que hay detrás del mercado al aire libre de Place d'Armes. Las opciones más económicas incluyen la pasta fresca de la Maison des Pâtes, la tradicional *socca* de Chez Roger y el plato nacional de Mónaco, unos raviolis fritos llamados *barbajuan*, de A Roca; también hay *pizza* en Le Comptoir, tarta de limón en Mitron Bakery, un café, una quesería y otros.

La Montgolfière

FUSIÓN €€

13 PLANO P. 128, E5

El chef monegasco Henri Geraci ha trabajado en los mejores restaurantes de la Riviera, pero ahora tiene establecimiento propio en un sombreado pasaje cerca del palacio. Formado en Escoffier, es fiel a los clásicos franceses, pero sus viajes le han acercado a los sabores asiáticos, que traduce en toques exóticos. El pequeño restaurante está muy concurrido, así que hay que reservar. (lamontgolfiere.mc)

Les Perles de Monte-Carlo

MARISCO €€

14 PLANO P. 128, E6

Las ostras criadas en este centro de investigación marina convertido en marisquería son la estrella. Al aire libre en el rompeolas de Fontvieille, con bandejas de pescado y marisco recién capturado, este rincón es un secreto celosamente guardado por los vecinos. Imprescindible reservar. (facebook.com/LesPerlesDeMonteCarlo)

Eola

COMIDA SALUDABLE €

15 PLANO P. 128, D5

Desayunos todo el día, coloridos cuencos de *poké*, postres crudos y zumos prensados en frío: esta pequeña y fotogénica cafetería se ha hecho un hueco entre los *hipster* de Place d'Armes y tiene muchos adeptos al *brunch*. (eolamc.com)

U Luvassu

MARISCO

16 PLANO P. 128, F3

En Port Hercule, la zona de grandes yates de Mónaco, el mejor sitio para sentarse es la terraza del U Luvassu, con sillas de lona de director de cine. Se ofrece la pesca del día, recién capturada por Eric Rinaldi, conocido como el "último pescador de Mónaco", en su encantador barco *Diego* –que lleva el nombre de su hijo– atracado enfrente de esta pescadería convertida en restaurante del que Rinaldi es copropietario. (ma-poissonnerie.mc)

Las pacíficas conquistas de Mónaco

¿Cómo expandir un territorio confinado entre Francia y el Mediterráneo? Con una extensión similar a la de Central Park de Nueva York y una población de 39 000 habitantes, Mónaco se lo plantea desde hace tiempo.

La respuesta es la recuperación de tierras del mar: con el príncipe Rainiero III y ahora el príncipe Alberto II, Mónaco ha pasado de 150 a 202 Ha mediante esta pacífica forma de conquista.

Como resultado, se han construido nuevas zonas y barrios enteros, como **Port Hercule,** el paseo marítimo de **Larvotto** y el distrito portuario y financiero de Fontvieille. Y el paisaje cambia una vez más con el nuevo barrio de **Mareterra** que surge del mar frente a Montecarlo según avanza hacia su finalización en el 2025.

Le Petit Bar

BISTRÓ €€

17 PLANO P. 128, E5

Acogedor bistró francés regentado por un australiano en el barrio más antiguo de Mónaco y uno de los restaurantes más recientes de Le Rocher, añade ingredientes frescos de la zona a clásicos como el solomillo de ternera y el jarrete de cordero con todos sus aderezos.

El *plat du jour* tiene una excelente relación calidad-precio. (petitbarmonaco.com)

Sexy Tacos

MEXICANA €€

18 PLANO P. 128, G1

La ardiente cocina mexicana y los sabrosos margaritas han puesto de moda este colorido restaurante de dos plantas y decoración temática de la playa de Larvotto (p. 132). (sexytacos.mc)

Maison des Pâtes

ITALIANA €

Por la mañana, los monegascos asaltan este puesto (véase 12 plano p. 128, D5) del Marché de la Condamine (p. 133) buscando pasta fresca para llevar; a mediodía, se transforma en un restaurante informal, con abundantes pastas y salsas a precios asequibles. Se puede comer en una de las mesas comunitarias. (maisondespates monaco.com;)

Le Train Bleu

ITALIANA €€€

Para disfrutar de una experiencia gastronómica con mucho ambiente, Le Train Bleu (véase 32 plano p. 128, F3) sirve platos italianos de alta cocina en una réplica de un vagón de tren de la *belle époque*. (montecarlosbm.com/fr/restaurant-monaco/le-train-bleu)

Le Loga

INTERNACIONAL €€

19 PLANO P. 128, F2

En la calle principal, sobre el casino, luce realmente entre semana, ya que sus menús de mediodía con vino incluido son una de las mejores ofertas de Mónaco. Las especialidades incluyen filetes, ensaladas y exquisitos ñoquis caseros, además de otros platos italianos. (logarestaurant.com)

Castel Roc

FRANCESA €€€

20 PLANO P. 128, D5

Este restaurante de alta cocina goza de la ubicación más exclusiva de todo el Principado: a pocos pasos de la puerta principal del palacio y con un soleado patio. Una selecta clientela acude a degustar la rica cocina francesa tradicional, como conejo relleno y cordero a fuego lento, servidos en una reluciente vajilla de porcelana sobre manteles almidonados. El menú del mediodía es muy económico. No abre de noche. (castelroc monaco.com)

Mozza

ITALIANA €€

21 PLANO P. 128, F2

La especialidad es el queso de Mozza, importado de Italia y disponible en múltiples variedades en la barra de *mozzarella*. Además, se sirve comida italiana tradicional: sofisticadas *pizzas* y pastas, *antipasti* y hamburguesas. (mozza.mc;)

Dónde beber

Chocolaterie de Monaco

CAFÉ

22 PLANO P. 128, E5

Situada entre el Palais Princier y el Musée Océanographique, la carta de esta chocolatería y cafetería incluye varias bebidas, pero la estrella es el chocolate caliente. (chocolateriedemonaco.com)

Jardin Japonais (p. 132).

Supernature

BAR DE VINOS

23 PLANO P. 128, D4

Este moderno bar de vinos de la peatonal Rue Princesse Caroline, cerca del paseo marítimo de Port Hercule, es un soplo de aire fresco en el conservador ambiente gastronómico monegasco. Regentado por los dueños del viñedo biodinámico Domaine Fondugues Pradugues de St Tropez, se decanta por los vinos naturales. Posee una cuidada carta de vinos ecológicos. (supernature.mc)

Dónde beber

La reina de los bares monegascos es el **Bar Américain,** en el Hôtel de Paris, con el encanto de antaño, buena música en directo y camareros capaces de preparar cualquier cóctel imaginable. Se sirve un emblemático cóctel, La Condamine, cuyo nombre alude a la ubicación de nuestra destilería.

Para los noctámbulos, **Coya** y el recién inaugurado **Maona** son lugares animados con excelentes bármanes, pero yo soy igual de feliz sentado en Place d'Armes bajo un algarrobo con un refrescante combinado al atardecer.

Recomendado por Philip Culazzo, *fundador de la primera destilería de Mónaco, Distillerie de Monaco (p. 141), en el 2017.*

Brasserie de Monaco

MICROCERVECERÍA

24 PLANO P. 128, D4

Este bar de La Condamine es la única microcervecería de Mónaco, y sus *lagers* y *ales* ecológicas atraen a numerosos clientes, sobre todo al salir del trabajo. En el interior, dominan el cromo, el acero y los TV de pantalla gigante, y los fines de semana se anima con deportes en directo y DJ. Para una experiencia más relajada, se recomienda la terraza de la entrada. *Happy hour* de 18.00 a 20.00. (brasseriedemonaco.com)

La Rascasse

BAR

25 PLANO P. 128, E5

Este salón-bar de dos plantas en el puerto atrae al público a la hora del aperitivo y, más tarde, se convierte en un animado local nocturno, con música en directo durante la semana y DJ los sábados. Cerrado domingos y lunes. (montecarlosbm.com/en/bar-night club-monaco/la-rascasse)

Le Teashop

SALÓN DE TÉ

26 PLANO P. 128, F1

Este pequeño y elegante salón de té de moda ofrece más de 130 tés de hoja, servidos en la clásica tetera de porcelana, con espuma o al estilo asiático con burbujas. Las tartas caseras son irresistibles. (leteashop.com)

Paseos tranquilos

Una plácida alternativa a la sudorosa caminata entre el gentío por Rampe Major hasta Le Rocher es el paseo por el Digue de Monaco (p. 127), uno de los diques flotantes más grandes del mundo (28 m de ancho y 352 de largo). Hay que subir los escalones al final de Quai Antoine 1er y girar a la izquierda hasta el mirador del extremo del dique, junto a la terminal de cruceros, para disfrutar de una panorámica excepcional de Montecarlo.

Luego se retrocede hasta la Esplanade Stefano Casiraghi para tomar el sol en la moderna terraza; unas escalerillas permiten zambullirse en el agua. A continuación, se recorre el sendero costero y se sube por los sombreados Jardins St-Martin hasta Le Rocher.

Una escalera de piedra conduce a una playa secreta de guijarros que solo los vecinos conocen: Crique Ciappaira.

Café de Paris

CAFÉ

27 PLANO P. 128, F3

La reina de las cafeterías monegascas (fundada en 1882), recién renovada, es perfecta para tomar *un petit café* y observar a la gente. Todo es carísimo y los camareros son un poco estirados, pero es el precio que se paga por presenciar en primera fila el ajetreo de Montecarlo. (facebook.com/cafedeparis montecarlo)

Sass Café

BAR

28 PLANO P. 128, F1

Este piano-bar, siempre repleto, es un lugar de encuentro de las celebridades de Mónaco y recuerda a los cabarés clásicos, con una barra reluciente, un piano de cola lacado (música todas las noches) y paredes rojas acolchadas. Los DJ animan el ambiente hasta la madrugada. (sasscafe.com)

Ocio

Ópera de Montecarlo

ÓPERA

29 PLANO P. 128, F3

También conocida como la Sala Garnier, es una espléndida obra neoclásica de 1892 contigua al Casino de Montecarlo, diseñada por Charles Garnier (autor también de la Ópera de París).

La temporada va de noviembre a abril. También acoge conciertos de artistas internacionales y espectáculos de danza de **Les Ballets de Monte Carlo** (www.balletsdemontecarlo.com). (opera.mc)

Monaco Open-Air Cinema

CINE

30 PLANO P. 128, F5

El entorno es insuperable, a los pies de Le Rocher y con el Mediterráneo al fondo. El cine al aire libre más grande de Europa

El Gran Premio de Fórmula 1

Si hay un trofeo que todo piloto de Fórmula 1 querría tener en sus vitrinas, es el del Gran Premio de Mónaco, la carrera más glamurosa de la temporada.

Esta carrera lo tiene todo. Sus espectadores son sensacionales: los que tienen dinero contemplan el espectáculo desde el Hôtel Hermitage, los más ricos desde sus lujosos yates de la bahía y los Grimaldi desde el palco real del puerto. Luego está la puesta en escena: los coches recorren a toda velocidad el centro de la ciudad, suben desde la línea de salida (y meta) hasta la plaza del Casino, bajan por una horquilla y dos curvas cerradas a la derecha, atraviesan un túnel y recorren la orilla del puerto hasta una chicane y más curvas antes de la meta.

A pesar de su reputación, el Gran Premio de Mónaco no es realmente una de las grandes carreras. La pista es demasiado estrecha y sinuosa para los modernos coches y adelantar es casi imposible.

El triple campeón del mundo, el brasileño Nelson Piquet, describió la carrera de Mónaco como "montar en bicicleta por el salón de casa". Quizá sea la carrera más lenta del calendario, pero el récord de vuelta continúa por encima de los 160 km/h, y en el punto más rápido del circuito, los coches alcanzan los 280 km/h. Incluso la curva en la penumbra del túnel se toma a 250 km/h.

La carrera, de 78 vueltas, se celebra un domingo por la tarde a finales de mayo, como colofón a varios días de entrenamientos, clasificación y carreras de apoyo. En teoría, las entradas (de 30 a 1400 €) se compran en el Automobile Club de Monaco (acm.mc) por internet o en la **'billetterie'** de la ciudad (p. 140), pero los mejores asientos se agotan con meses de antelación.

Quienes no pueden asistir al evento, pueden ver otras carreras por las calles. En mayo se celebran el Gran Premio de **Fórmula E** (acm.mc) totalmente eléctrico y el bianual **Grand Prix Historique de Monaco** (acm.mc), con bólidos de época.

se ilumina cuando se pone el sol, con una programación nocturna de grandes éxitos, la mayoría en inglés: a las 22.00 desde mediados de junio, julio y septiembre, y a las 21.30 en agosto. No se puede reservar, así que es mejor llegar antes de que abran las puertas (30 min antes de la película). (cinemas2monaco.com)

Grimaldi Forum
ACTUACIONES

31 ☆ PLANO P. 128, G1

Este gran auditorio acoge exposiciones, ferias comerciales, conciertos de la **Orquesta Filarmónica de Montecarlo** (opmc.mc), espectáculos de danza de **Les Ballets de Monte Carlo** (balletsdemontecarlo.com) y otros eventos variados. (grimaldiforum.mc)

Atrium du Casino
RESERVAS

32 ☆ PLANO P. 128, F3

En este impresionante atrio del casino, se pueden adquirir entradas para eventos y espectáculos, incluidos Les Ballets de Monte Carlo y la **Ópera de Montecarlo.** (☎92 00 13 70)

Stade Louis II
DEPORTES

33 ☆ PLANO P. 128, C6

El estadio es la sede del equipo de fútbol local **AS Monaco.** Se pueden comprar entradas para los partidos en la taquilla interior o, desde mediados de abril hasta el 1 de septiembre, conocerlo de cerca en una visita guiada; hay cinco diarias de lunes a viernes (10.30, 11.45, 14.30, 15.45 y 17.00). (stadelouis2.mc)

Monaco Open-Air Cinema.

Auditorium Rainier III

MÚSICA CLÁSICA

34 PLANO P. 128, F3

Este auditorio, muy apreciado por su acústica, es el escenario principal de los conciertos de música clásica de la Orquesta Filarmónica de Montecarlo. (☎93 10 85 00)

Automobile Club de Monaco

RESERVAS

35 PLANO P. 128, D4

Vende entradas para el **Gran Premio de F1 de Mónaco** y otros eventos automovilísticos, como el **Monaco e-Prix** y el **Grand Prix de Monaco Historique.** (acm.mc)

De compras

Office des Émissions de Timbres-Poste

REGALOS Y RECUERDOS

36 PLANO P. 128, C5

Los coleccionistas y los interesados en sellos del segundo país más pequeño del mundo deben visitar este despacho oficial, que vende una amplia variedad de sellos de Mónaco, antiguos y actuales. (oetp-monaco.com)

La Maison du Limoncello

BEBIDAS

37 PLANO P. 128, D5

En esta luminosa tienda en las estrechas calles de Le Rocher, se puede ver cómo se embotella el

Stade Louis II.

INGO70/SHUTTERSTOCK ©

rutilante *limoncello*. El ingrediente básico procede de los limoneros que rodean el Principado. También hay versiones de lima, mandarina, pomelo y naranja amarga. (instagram.com/la_maison_du_limoncello_monaco)

Distillerie de Monaco BEBIDAS

38 PLANO P. 128, D5

La primera destilería de Mónaco es una iniciativa del expatriado dublinés Philip Culazzo. Además de un Gin aux Agrumes de siete cítricos, l'Orangerie es su licor artesanal elaborado con las naranjas amargas de los árboles de las calles de Mónaco.

El trío de productos se completa con Carruba, un aterciopelado licor de café y chocolate elaborado con algarrobo, el árbol nacional. Se puede comprar alguna botella de esta bonita *boutique* de color naranja chillón. (distilleriedemonaco.com)

Les Grands Chais Monégasques VINO

39 PLANO P. 128, D4

Visitar esta exquisita tienda de vinos, una especie de cueva de Aladino, es como contemplar una selecta colección personal de vinos y licores, con acogedores salones Chesterfield y un bar de degustación al estilo Gatsby. El cualificado personal puede recomendar vinos para una ocasión especial. (grandschais.com)

La Boutique de l'Automobile Club de Monaco REGALOS Y RECUERDOS

40 PLANO P. 128, D4

En la *boutique* del Automóvil Club de Mónaco se pueden comprar la camiseta oficial y miles de accesorios relacionados con el Gran Premio: camisetas, bolsos, vaqueros, relojes, maquetas de coches, auriculares con cancelación de ruido, ropa para bebés... (boutiqueacm.com)

Marché de la Condamine COMIDA

41 PLANO P. 128, D5

Este mercado de frutas y verduras al aire libre, abierto todo el año, es una de las experiencias más auténticas de Mónaco, aunque es tan caro como el resto del Principado. En cambio, el mercado cubierto es el lugar ideal para comer barato (p. 133).

Le Métropole CENTRO COMERCIAL

42 PLANO P. 128, F2

Este centro comercial es quizá el mejor lugar para encontrar artículos (asequibles) de moda y otros más convencionales. (metropoleshoppingmontecarlo.com)

Guía práctica

En bici por una playa de Niza. DMITRIY DUBOVTSEV/SHUTTERSTOCK ©

Antes de partir

Alojamiento

- A diferencia de muchas ciudades de la Costa Azul, el alojamiento en Niza es excelente y se adapta a todo tipo de presupuestos.
- En verano hay que reservar con antelación.
- Para estancias de una semana o más, alquilar un apartamento resulta económico e inmersivo.

Webs

Nice Pebbles (nicepebbles.com) alquila decenas de apartamentos (1 o 2 dormitorios desde 95/135 €) y villas en Niza y alrededores.

Lo mejor de precio económico

- **Hostel Meyerbeer Beach** (hostelmeyer beer.com) Pequeño, hogareño y con empleados atentos.
- **Villa Saint-Exupéry Beach Hostel** (villahostels.com) Albergue amplio, céntrico y moderno con buenas instalaciones y personal amable.
- **Hostel Les Camélias** (hifrance.org) Albergue tradicional de la cadena HI en una gran casa antigua con un bonito jardín.
- **Hôtel Villa St-Hubert** (villasainthubert.com) Chalé reformado en el barrio de Libération a buen precio.
- **La Regence** (laregence-hotel.fr) Situado en Villefranche-sur-Mer, a las afueras de Niza, el hotel ofrece habitaciones con encanto y un ambiente familiar. El bar a pie de calle es muy agradable.

Lo mejor de precio medio

- **Hôtel WindsoR** (hotelwindsornice.com) Hotel-*boutique* con obras de arte únicas en la mayoría de las habitaciones y en el bar-cafetería de la planta baja.

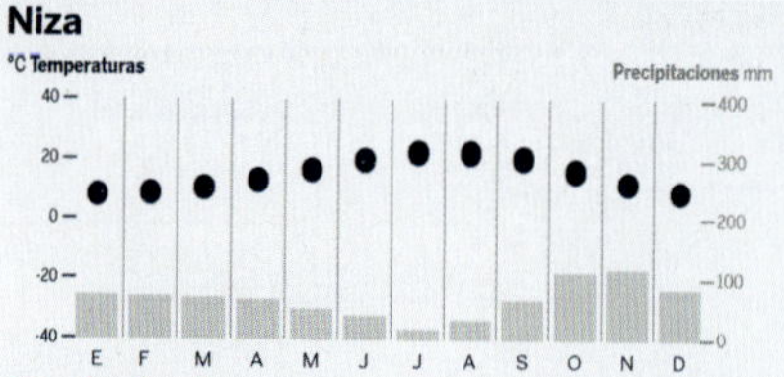

Cuándo ir

- **Invierno** Eventos navideños para toda la familia en diciembre y celebraciones de carnaval en febrero.
- **Primavera** Tiempo suave y mercados repletos de productos frescos y flores. En mayo, durante el Gran Premio de Mónaco, los precios de los hoteles se disparan en toda la región.
- **Verano** Las playas están a punto; en junio y septiembre se evita el frenesí veraniego. En julio, el festival anual de *jazz* ofrece música a raudales.
- **Otoño** Luz dorada y días de playa que se alargan al final de la temporada. Cuando refresca, las multitudes se dispersan.

- **Hôtel Le G** (le-g-chineurs.com) En el corazón del barrio nocturno más animado de Niza, Rue Bonaparte.
- **Le Saint Paul** (lesaintpaul-hotel.fr) Antiguo seminario convertido en hotel frente a Coco Beach. Las habitaciones con vistas al mar mejor valoradas de la ciudad.
- **Hôtel Arome** (aromehotelnice.com) Hotel-*boutique* céntrico y seguro, muy popular entre las mujeres que viajan solas.
- **Hôtel de France** (hoteldefrance.mc) No hay hotel más barato en Mónaco. Dispone de 26 habitaciones bien equipadas y con techos altos, pero sin ascensor.

Lo mejor de precio alto

- **Hôtel La Pérouse** (hotel-la-perouse.com) Elegante cuatro estrellas recién renovado, en una empinada ladera entre Vieux Nice y el Mediterráneo.
- **Anantara Plaza Nice Hotel** (anantara.com/en/plaza-nice) Elegante, lustroso y con cinco estrellas en un grandioso edificio de la *belle époque*. El bar y restaurante de la azotea está de moda.
- **Le Negresco** (hotel-negresco-nice.com) Cada habitación de este cinco estrellas, *grande dame* de los hoteles de Niza, es una obra de arte. Con *spa* y club de playa.
- **Hôtel Amour** (hotelamournice.fr) El moderno hotel parisino llega al sur con un estilo bohemio y ecléctico, y un bar a la última.
- **Columbus Monte-Carlo** (columbushotels.com) Elegante establecimiento del barrio de Fontvieille (Mónaco) que destaca por la piscina y las vistas al mar o a la rosaleda desde las habitaciones.

Cómo llegar

Aeropuerto de Niza-Costa Azul

El segundo mayor aeropuerto de Francia, unos 7 km al oeste del centro urbano, opera vuelos directos con compañías regulares y de bajo coste a ciudades de Francia y Europa (incluida Londres, en solo 2 h). Los vuelos internacionales también conectan la ciudad con el norte de África, EE UU y Oriente Próximo. Cuenta con dos terminales, comunicadas por el tranvía y una lanzadera gratuita.

El aeropuerto está muy bien comunicado con el centro por transporte público de bajo coste, y su proximidad a la autopista A8, en la periferia oeste de Niza, lo hace idóneo para recoger o dejar un coche de alquiler.

Tranvía La línea 2 va al centro y al puerto (ida y vuelta 10 €, 20-25 min).

Tren La estación de trenes St Augustin de Niza se ha trasladado y se halla a 7 min a pie de la terminal 1. De allí salen trenes a Nice-Ville (2,10 €, 4 min) y Mónaco (5,40 €, 40 min).

Taxi Los taxis del aeropuerto al centro cobran una tarifa plana de 32 €.

Estación de trenes Nice-Ville

La principal estación de trenes de Niza, al norte del centro (1,5 km hacia el interior desde el paseo marítimo), ofrece rápidas conexiones con ciudades de toda Francia, incluida París, en menos de 6 h. Las conexiones ferroviarias con la vecina Italia se realizan a través de Ventimiglia, a 55 min en la frontera franco-italiana.

Tranvía La línea 1 (1,70 €) va hacia el sur y el este hasta Vieux Nice (10 min) y Garibaldi (15 min), o hacia el norte hasta Libération (5 min).

Port de Nice

El puerto de Niza está al este de Vieux Nice, al otro lado de la colina. Corsica Ferries (corsica-ferries.co.uk) tiene ferris frecuentes a Córcega (Bastia, Île Rousse y Porto Vecchio).

Tranvía La línea 2 (1,70 €) va de este a oeste entre el aeropuerto y el puerto, pasando por Place Garibaldi.

Cómo desplazarse

Tranvía

El excelente sistema de transporte público de Niza, operado por **Lignes d'Azur** (lignesdazur.com), comprende una moderna y fiable flota de tranvías y autobuses.

Los tranvías (tramway.nice.fr) son ideales para desplazarse por la ciudad y la mejor opción para llegar a la estación de trenes, el aeropuerto y el puerto. La línea 1 original traza una parábola por el centro y conecta la estación de Niza-Ville con Vieux Nice y Place Garibaldi, al sureste, y Libération, al norte. La línea 2 discurre de este a oeste entre el aeropuerto y Port Lympia, mientras que la 3 conecta el aeropuerto con el estadio Allianz Riviera, en la periferia noroeste de la ciudad. Los tranvías circulan de 4.05 a 12.35, cada 5-10 min.

La red ha eliminado el soporte papel y ahora solo se puede viajar con la tarjeta recargable Ma Carte, válida para tranvías y autobuses. Este título cuesta 2 € y se compra en las máquinas de cualquier parada de tranvía y se recarga en las mismas máquinas o a través de la aplicación Lignes d'Azur. El billete sencillo cuesta 1,70 €; el abono diario, 7 € y el semanal 20 €. Todos los billetes (incluidos los abonos de un día y de una semana) se validan al comienzo del trayecto en las máquinas del tranvía y de los autobuses.

Autobús

Los autobuses, también operados por Lignes d'Azur, son adecuados para ir a la playa y a los barrios periféricos como Cimiez.

El billete sencillo cuesta 1,70 € y permite viajar por toda la red (incluido el tranvía) durante 74 min. El autobús también funciona sin papel y hay que comprar una tarjeta Ma Carte recargable (2 €)

la primera vez que se viaje (solo se acepta pago en efectivo).

Los autobuses son muy útiles para ir a los museos Matisse y Chagall de Cimiez y a las localidades costeras de las tres Corniches: Éze, Villefranche-sur-Mer, Beaulieu-sur-Mer y St-Jean-Cap-Ferrat.

Los autobuses circulan cada 10-15 min entre 6.00 y 20.00 o 21.00, aunque las líneas 7 y 8 lo hacen hasta las 24.00. Las paradas de autobús de la ciudad están bien señalizadas.

Bicicleta

El programa de bicicletas convencionales y eléctricas compartidas **VéloBleu** (www.velobleu.org) es un recurso económico. Se recogen y se devuelven en más de 100 estaciones repartidas por toda la ciudad. Los abonos de un día o una semana cuestan 3/7 € más el uso: gratis los primeros 30 min, 1 € los 30 min siguientes y 2 €/h en adelante. Los abonos de un día para las eléctricas cuestan 4 € más el uso: gratis los primeros 30 min, 2 € cada 30 min posteriores.

Algunas estaciones permiten registrarse directamente con una tarjeta de crédito en un terminal; si no, se necesita un móvil.

La práctica aplicación E-vélobleu permite localizar la estación más cercana, ofrece información en tiempo real sobre las bicicletas disponibles y calcula los itinerarios.

A pie

Como el tiempo suele ser bueno y la ciudad es bonita y peatonal, caminar es una forma eficaz y agradable de desplazarse, especialmente en Vieux Nice y Le Port-Garibaldi, y por Promenade des Anglais.

Información esencial

Descuentos

La French Riviera Pass (frenchrivierapass.com) da acceso a puntos de interés de Niza y la Costa Azul. Se compra en línea o en las oficinas de turismo y algunos hoteles.

El pase (1/2/3 días 28/40/59 €) incluye: en Niza, el Musée National Marc Chagall, el Musée Matisse, el autobús Nice Le Grand Tour y una ración de *socca* en Chez Theresa; en la costa, Villa Ephrussi de Rothschild en St-Jean-Cap-Ferrat, el Jardin Exotique d'Èze, un taller de perfumes en Galimard, en Èze, y el Musée Océanographique y el Nouveau Musée National, en Mónaco.

El pase para museos de Niza cuesta 15 € por 4 días y cubre 10 museos de la ciudad, pero no el Musée National Marc Chagall. Se compra en cualquiera de los museos participantes.

Dinero

Cajeros automáticos

La mejor manera de obtener moneda local (euros) es sacar dinero de un cajero automático. Los hay que aceptan tarjetas internacionales en toda Niza, incluidos el aeropuerto y la estación de trenes.

Efectivo

El tipo de cambio siempre es mejor en el país, pero conviene llegar a Francia con algunos euros para tomar un taxi hasta el hotel, si es necesario.

Cambio de divisas

- Las *bureaux de change* (oficinas de cambio) son más rápidas y sencillas, abren más horas y ofrecen mejores tarifas que los bancos, pero quedan pocas.

Tarjetas de crédito

- Las tarjetas de crédito y débito, aceptadas en casi toda Francia, son cómodas, relativamente seguras y ofrecen un tipo de cambio razonable.
- Las tarjetas de crédito emitidas en Francia llevan un chip: hay que teclear el PIN para operar. Algunos comercios (sobre todo gasolineras sin personal) solo aceptan tarjetas con chip y PIN.
- Las tarjetas Visa y MasterCard se usan en tiendas y supermercados, y para viajar en tren, alquilar coches y pagar peajes en autopistas. AMEX es menos aceptada.
- Antes de dar por sentado que se puede pagar con tarjeta conviene preguntar.
- Sacar dinero con tarjeta de crédito conlleva comisiones (a veces elevadas) e intereses; hay que informarse primero en la entidad emisora de la tarjeta. Las comisiones de las tarjetas de débito son menores.
- Los monederos digitales son cada vez más habituales.

Propinas

- **Bares** No se dan en la barra; se redondea al euro más próximo por los servicios en mesa.
- **Cafés y restaurantes** Los precios incluyen un 15% por el servicio, así que no es necesario dejar propina, aunque muchos residentes dejan un 5-10% extra si están muy satisfechos con el servicio.
- **Mozos de hotel** 1-2 € por maleta.
- **Taxis** 10-15%.
- **Guías turísticos** 1-2 € por persona.

Electricidad

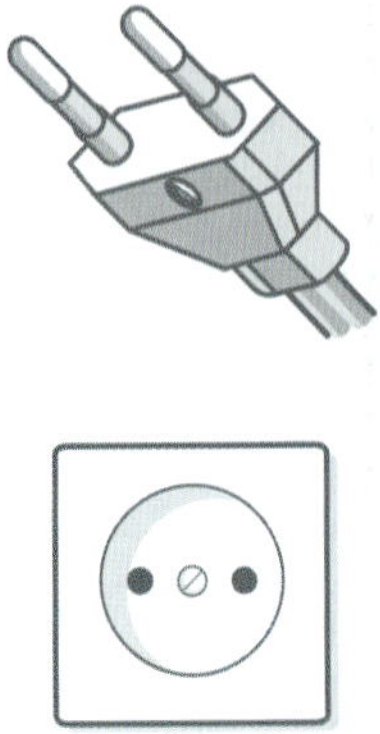

Tipo C
230V/50Hz

Tipo E
230V/50Hz

Emergencias

- Ambulancia ☎ 15
- Policía ☎ 17
- Bomberos ☎ 18
- Número europeo de emergencias ☎ 112

Fiestas oficiales

Fiestas oficiales francesas *(jours fériés)*:

Año Nuevo (Jour de l'An) 1 de enero

Domingo y Lunes de Pascua (Pâques y Lundi de Pâques) Finales de marzo/abril

1 de mayo (Fête du Travail) 1 de mayo

Victoria de 1945 8 de mayo

Jueves de la Ascensión (Ascension) Mayo; 40 días después de Semana Santa

Pentecostés y Lunes de Pentecostés (Pentecôte y Lundi de Pentecôte) Mediados de mayo a mediados de junio; 7º domingo después de Semana Santa

Fiesta Nacional de Francia (Fête Nationale) 14 de julio

Día de la Asunción (Assomption) 15 de agosto

Todos los Santos (Toussaint) 1 de noviembre

Día del Recuerdo (L'onze Novembre) 11 de noviembre; armisticio de la I Guerra Mundial

Navidad (Noël) 25 de diciembre

Fiestas oficiales monegascas:

Fiesta de Santa Devota (Sainte Dévote) 27 de enero

Corpus Christi (La Fête Dieu) Jueves; 60 días después de Semana Santa

Fiesta Nacional de Mónaco (Fête du Prince) 19 de noviembre

En Francia no son festivos oficiales Martes de Carnaval (1er día de Cuaresma); Jueves y Viernes Santo ni San Esteban (26 de diciembre).

Horario comercial

Los horarios varían. En esta guía se ofrecen los de temporada alta; en baja y media suelen reducirse.

Bancos 9.00-12.00 y 14.00-17.00 lu-vi o ma-sa

Bares 19.00-1.00

Cafés 7.00-23.00

Clubes 22.00-3.00, 4.00 o 5.00 ju-sa

Restaurantes 12.00-14.00 y 19.00 a 22.00 seis días por semana (algunos cierran los fines de semana)

Tiendas 10.00-12.00 y 14.00-19.00 lu-sa, 11.00-19.00 do

Información turística

La **principal oficina de turismo** de Niza (explorenicecotedazur.com) ofrece numerosos recursos, como mapas, folletos, información sobre atracciones y ayuda para reservar alojamiento. Hay una sucursal en la **estación de trenes** (☎04 92 14 46 14).

En Mónaco, la **principal oficina de turismo** (visitmonaco.com) está al otro lado de los jardines, al norte del **Casino** (casinomontecarlo.com).

Lavabos públicos

- Los aseos gratuitos y autolimpiables de Niza son de tiempo limitado: a los 15 min exactos, la puerta se abre. Verde significa libre *(libre)* y rojo ocupado *(occupé)*.
- Hay que llevar suelto para pagar el aseo (0,50-1 €). En muchos aseos públicos, hay vigilantes al acecho.
- Los franceses están habituados a los baños

unisex, así que no hay que ruborizarse al pasar junto a los urinarios para llegar al váter.

Precauciones

Niza es una ciudad bastante segura, pero siempre hay que usar el sentido común.

- Hay que tener cuidado con los bolsos y teléfonos, pues abundan los carteristas, sobre todo en zonas turísticas y trenes concurridos en vacaciones.
- Se recomienda cerrar las puertas con llave y subir las ventanillas al conducir, ya que en los semáforos se producen hurtos. No hay que dejar nada de valor a la vista en los coches aparcados.
- Nunca hay que perder de vista las pertenencias en la playa.
- Conviene estar atento a las medusas moradas en el agua, sobre todo en verano y otoño.

Teléfonos

Para llamar a Francia o Mónaco desde el extranjero

Se marca el prefijo internacional del país, el ☎33 (prefijo de Francia) o el ☎377 (prefijo de Mónaco) y el número local de 10 dígitos, sin el 0 inicial.

Para llamar al extranjero desde Francia

Se marca el ☎00 (prefijo internacional), seguido del *indicatif* (prefijo del país), después el prefijo de zona y el número (sin el 0 inicial).

Algunos prefijos de países están indicados en los teléfonos públicos.

Servicio nacional de información

Para el *service national des renseignements* se marca ☎11 87 12 o se utiliza el servicio gratuito en línea www.118712.fr.

Servicio internacional Para llamar fuera de Francia, se marca ☎11 87 00.

Viajeros con discapacidades

El transporte público de Niza ha avanzado mucho en accesibilidad. Los tranvías cuentan con puertas anchas y plataformas de fácil acceso para sillas de ruedas, y Mobil'azur (mobilazur.org) ofrece un servicio de autobuses a demanda. Dos de las playas públicas de Niza (Plage du Centenaire y Plage de Carras) están equipadas para sillas de ruedas, con rampas hasta el agua, sillas anfibias y aparcamientos y aseos específicos.

Otros servicios para discapacitados visuales incluyen bandas táctiles en las paradas de autobús y tranvía para orientar a los pasajeros hasta la zona de embarque.

☎114 es el número de urgencias francés para personas con dificultades auditivas. Se puede enviar un mensaje de texto, conectar a la web (info.urgence114.fr) o descargar la *app*.

Para más información, se pueden consultar la web nacional francesa (accessible.net), el folleto *Access Monaco* de Visit Monaco (visitmonaco.com; enlace Practical Information), o descargar la guía gratuita en inglés Accessible Travel de Lonely Planet en shop.lonely

Qué hacer y qué no

- **Conversación** El *vous* formal se usa para dirigirse a personas desconocidas o mayores; el *tu* informal se reserva para amigos, familia y niños.
- **Iglesias** Hay que vestir con recato (cubrirse los hombros).
- **Bebidas** En los restaurantes se puede pedir *une carafe d'eau* (agua del grifo, gratis). No se debe terminar una comida con un capuchino o un té; los franceses piden *un café* (exprés).
- **Besos a la francesa** Con conocidos y amigos ocasionales, se intercambian *bisous* (besos en la mejilla); en Niza se acostumbran a dar dos.

›lanet.com/products/ ›ccessible-travel ›online-resources.

/iajeros LGTBIQ+

›liza es una ciudad ›nuy acogedora para ›l colectivo. El epi›centro de la próspera ›omunidad gay se ›alla en Le Port-Gari›aldi, a lo largo de Rue ›onaparte.

- **Aglae** (facebook.›om/AglaeLGBT) es ›a principal asociación ›GTBIQ+ de Niza y ›rganiza cada verano ›l festival del orgullo ›ink Parade.
- La purpurina y el ›onfeti cubren Niza en ›ebrero durante el pri›ner carnaval *queer* de Francia, **Lou Queernaval** (facebook.com/LouQueernaval), con bandas en directo, vigorosos bailarines, deslumbrantes carrozas y *drag queens*.
- El código de vestimenta para la Dolly Party, una fiesta callejera que organiza en agosto el **Centre LGBT de Nice** (centrelgbt06.fr) es el color blanco.
- La oficina de turismo de Niza publica una guía en línea (en. nicetourisme.com/nice-gay-friendly) con alojamientos y otros comercios *gay-friendly*, incluida una lista de bares y discotecas.

Visados

Los ciudadanos de la UE no necesitan visado. Los viajeros del Reino Unido y EE UU pueden permanecer hasta 90 días sin visado. Para información actualizada, véase schengenvisainfo.com.

En el 2025 entrará en funcionamiento el nuevo sistema electrónico de control de la Comisión Europea: el Sistema Europeo de Información y Autorización de Viajes (ETIAS).

Todos los ciudadanos extracomunitarios exentos de visado, incluidos los del Reino Unido y EE UU, tendrán que rellenar un formulario en línea antes de llegar. Una vez aprobado, podrán permanecer hasta 90 días en los 27 países de la zona Schengen.

La ETIAS tendrá una validez de tres años y costará 7 €, que se pagarán en línea en la web oficial de la ETIAS o de la aplicación para móviles. Para información actualizada, véase etiasvisa.com.

Idioma

El francés estándar se enseña y se habla en todo el país. Los dialectos regionales y los acentos son una parte importante de la identidad de algunas zonas, pero no habrá problemas de entendimiento si solo se habla el estándar. Como en español, los sustantivos, adjetivos y artículos tienen género. Así, en este capítulo, se han incluido las indicaciones (m) y (f) para señalar las formas masculina y femenina.

Para sacar mayor partido del viaje, existe una guía de conversación en **lonelyplanet.es.**

Vocabulario básico

Hola.	*Bonjour.*
Adiós.	*Au revoir.*

¿Cómo está?
Comment allez-vous?

Estoy bien, gracias.
Bien, merci.

Por favor.	*S'il vous plaît.*
Gracias.	*Merci.*
Perdón.	*Excusez-moi.*
Lo siento.	*Pardon.*
Sí./No.	*Oui./Non.*

No entiendo.
Je ne comprends pas.

¿Habla español?
Parlez-vous espagnol?

Comida y bebida

..., por favor.	*..., s'il vous plaît.*
Un café	*un café*
Una mesa	*une table*
Para dos	*pour deux*
Dos cervezas	*deux bières*

Soy vegetariano.
Je suis végétarien/végétarienne. (m/f)

¡Estaba delicioso!
C'était délicieux!

La cuenta, por favor.
L'addition, s'il vous plaît.

De compras

Me gustaría comprar...
Je voudrais acheter...

Solo estoy mirando.
Je regarde.

¿Cuánto cuesta?
C'est combien?

Es demasiado caro.
C'est trop cher.

¿Puede bajar el precio?
Pouvez vous baisser le prix?

Jrgencias

Socorro! *Au secours!*

Llamen a la policía!
Appelez la police!

Llamen a un médico!
Appelez un médecin!

Estoy enfermo.
Je suis malade.

Me he perdido.
Je suis perdu/perdue. (m/f)

¿Dónde están los lavabos?
Où sont les toilettes?

Hora y números

¿Qué hora es?
Quelle heure est-il?

Son las (ocho).
Il est (huit) heures.

Son las (10) y media.
Il est (dix) heures et demie.

mañana	*matin*
tarde	*après-midi*
noche	*soir*
ayer	*hier*
hoy	*aujourd'hui*
mañana	*demain*
lunes	*lundi*
martes	*mardi*
miércoles	*mercredi*
jueves	*jeudi*
viernes	*vendredi*
sábado	*samedi*
domingo	*dimanche*

1	*un*
2	*deux*
3	*trois*
4	*quatre*
5	*cinq*
6	*six*
7	*sept*
8	*huit*
9	*neuf*
10	*dix*
100	*cent*
1000	*mille*

Transporte y direcciones

¿Dónde está...?
Où est...?

¿Cuál es la dirección?
Quelle est l'adresse?

¿Me lo puede indicar (en el mapa)?
Pouvez-vous m'indiquer (sur la carte)?

Querría ir a...
Je voudrais aller à...

¿Para en (Amboise)?
Est-ce qu'il s'arrête à (Amboise)?

Quiero bajarme aquí.
Je veux descendre ici.

Entre bastidores

Actualización y sugerencias

Si el lector encuentra cambios en los lugares descritos u otros recién inaugurados, le agradeceremos que escriba a Lonely Planet en www.lonelyplanet.com/contact/guidebook_feedback/new para mejorar la próxima edición. Todos los mensajes se leen, se estudian y se verifican. Quienes escriban verán su nombre reflejado en el capítulo de agradecimientos de la siguiente edición. Determinados fragmentos de la correspondencia de los lectores podrían aparecer en nuevas ediciones de las guías Lonely Planet, en la web de Lonely Planet, así como en la información personalizada. Se ruega a todo aquel que no desee ver publicadas sus cartas ni que figure su nombre que lo haga constar.

Agradecimientos de Chrissie

Agradezco enormemente a las voces locales que compartieron conmigo sus consejos sobre la región, como Kalice Brun, Ewan Bird, Jameson Farn, Philip Culazzo y Did Kwo, así como a mis amigos y vecinos de Villefranche-sur-Mer, que gustosamente se ofrecieron a probar conmigo nuevos bares y restaurantes o que me hicieron llegar sus sugerencias.

Por último, a Lottie, Tessa y Keith, los mejores asistentes para guías. No podría haber actualizado esta guía sin vosotros.

Reconocimientos

Índice

Véanse también los subíndices:

Dónde comer p. 157

Dónde beber p. 158

Ocio p. 158

De compras p. 159

Puntos de interés 000
Planos **000**

Puntos de interés 000
Planos **000**

Dónde comer

Dónde beber

Ocio

De compras

La autora

Chrissie McClatchie

Chrissie McClatchie cambió Sídney por la Costa Azul hace más de una década, cuando consiguió un trabajo en Niza vendiendo vinos finos para los grandes yates. En la actualidad, esta escritora a tiempo completo y madre de dos hijos adora contar las historias de este rincón del mundo al que tiene la suerte de seguir llamando hogar.

Chrissie ha colaborado en varias guías de Lonely Planet, en especial sobre Provenza, la Costa Azul y Mónaco. Se pueden seguir sus viajes en Instagram @chrissie_mcclatchie.

geoPlaneta
Av. Diagonal 662-664, 08034 Barcelona
viajeros@lonelyplanet.es
www.geoplaneta.com – www.lonelyplanet.es

Lonely Planet Global Limited
Lonely Planet Global Limited, Digital Depot,
The Digital Hub, Dublín D08 TCV4, Irlanda
www.lonelyplanet.com
Contacta con Lonely Planet en: lonelyplanet.com/contact

Niza y Mónaco de cerca
1ª edición en español – junio del 2024
Traducción de *Pocket Niza & Monaco*, 3ª edición – mayo del 2024

Editorial Planeta, S.A.
Av. Diagonal 662-664, 7º. 08034 Barcelona (España)
Con la autorización para la edición en español de Lonely Planet Global Limited, Digital Depot,
The Digital Hub, Dublín, D08 TCV4, Irlanda

ISBN: 978-84-08-28714-8
Depósito legal: B. 1.940-2024
Impresión y encuadernación: Unigraf
Printed in Spain – Impreso en España